잘 읽히는
보고서
　문장의
비밀

지은이 **임영균**

기획 및 보고서 작성 분야에서 활동하며 LG디스플레이, LG에너지솔루션, 한화그룹, KT&G, 현대자동차, 현대백화점그룹, 현대글로비스, 한국타이어, 오리온, 한국항공우주산업, 기타 대학, 공공기관 등에 출강하며 1년에 200회 이상 강의 활동을 하고 있다.

틈틈이 블로그나 브런치에 글을 쓰며 대중들에게 보고서를 주제로 자신의 생각을 전파하고 있다.

연세대학교 교육학 학사
(현) 갓기획 대표
(전) 이음컨설팅 그룹 상무
(전) 캐논코리아 기획팀 파트장
(전) 한국능률협회 선임연구원

블로그 blog.naver.com/kingkayg123
브런치 brunch.co.kr/@kingkayg123

1,000만 직장인을 위한 보고서 문장 기술 27가지

잘 읽히는 보고서 문장의 비밀

초판 1쇄 발행 2024년 08월 22일
초판 2쇄 발행 2024년 12월 23일

지은이 임영균 / **펴낸이** 전태호
펴낸곳 한빛미디어(주) / **주소** 서울특별시 서대문구 연희로2길 62 한빛미디어(주) IT출판1부
전화 02-325-5544 / **팩스** 02-336-7124
등록 1999년 6월 24일 제25100-2017-000058호 / **ISBN** 979-11-6921-282-3 13320

총괄 배윤미 / **책임편집** 장용희 / **기획** 박지수 / **교정** 강민철
디자인 표지 최연희 내지 윤혜원 / **전산편집 · 일러스트** 김보경
영업 김형진, 장경환, 조유미 / **마케팅** 박상용, 한종진, 이행은, 김선아, 고광일, 성화정, 김한솔 / **제작** 박성우, 김정우

이 책에 대한 의견이나 오탈자 및 잘못된 내용은 출판사 홈페이지나 아래 이메일로 알려주십시오.
파본은 구매처에서 교환하실 수 있습니다. 책값은 뒤표지에 표시되어 있습니다.
한빛미디어 홈페이지 www.hanbit.co.kr / 이메일 ask@hanbit.co.kr

지금 하지 않으면 할 수 없는 일이 있습니다.
책으로 펴내고 싶은 아이디어나 원고를 메일(writer@hanbit.co.kr)로 보내주세요.
한빛미디어(주)는 여러분의 소중한 경험과 지식을 기다리고 있습니다.

1,000만 직장인을 위한
보고서 문장 기술 27가지

임영균 지음

잘 읽히는
보고서
문장의
비밀

보고서,기획서, 품의서, 이메일 등
비즈니스 문서에 관해
전문가가 쉽게 알려주는 글쓰기 강의

IB 한빛미디어
Hanbit Media, Inc.

어느 날 친구들과 골프를 간 적이 있었다. 앞 팀에서 치는 분들의 전개 속도가 꽤 빠르다. '프로들이 연습 경기를 나왔나?'라는 생각이 들 찰나 캐디 한 분이 이렇게 말한다.

"70대 할아버지들 오늘도 나오셨네. 제대로 배우신 분들도 아닌데, 진짜 따박따박 잘 치시는 분들이에요."

캐디가 말하는 것을 듣고, 옆에 있던 친구가 이렇게 받아쳤다.

"그렇죠? 진짜 골프는 구력을 무시 못해요. 맨날 나오시는 분들은 따라갈 수가 없다니까요. 레슨을 받는 것도 좋은데, 경험이 실력이 되는 건 인정해야 한다니까요."

그렇게 할아버지들의 생활 골프 실력에 감탄하며 골프를 마무리하고, 샤워장으로 향했다. 남자들은 샤워장에 가면 은근히 주변 사람들의 몸을 보면서 내 몸과 비교하는 희한한 습관(?)을 가지고 있다. 아니나 다를까 친구의 몸이 눈에 들어온다.

얼마 전 까지만 해도 똥배는 기본이고, 100kg에 육박하던 비만 체형은 탄탄한 근육질로 변해 있었다. 일주일에 한 번 PT를 받는 내 몸이 부끄러울 정도로 완벽한 근육이었다.

"야 근육 장난 아니네? 어디에서 PT라도 받았냐?"

건설 현장 관리 소장으로 일하는 친구가 무심하게 답해온다.

"PT는 무슨! 노가다 근육이라고 들어봤냐? 요즘 현장에 사람이 없어서 나도 같이 노가다 뛴다. 1년 정도 하니까 몸이 좋아지더라."

그 이후에도 친구는 '돈을 쓰지 않고, 오히려 돈을 벌면서 근육을 만들었다.', '잔근육이지만 꾸준히 매일 쌓인 근육이라 잘 안 빠진다.', '실전 압축 근육이라 풍선 근육과는 다르다.'라며 자랑 아닌 자랑을 이어갔지만, 귓등으로 스쳐 지나갈 뿐 남지는 않았다. 대신 한 가지 생각이 머릿속에 자리했다.

'뭔가를 제대로 배우지 않아도, 일상의 경험이 꾸준히 쌓이면 실력이 될 수 있구나!'

40여 년간 살면서 배운 가장 소중한 경험이자, 이 책의 출간을 결심하게 된 결정적인 계기라고 생각한다.

사실 이 책에 담긴 글은 처음부터 책으로 내기 위해 쓴 글이 아니다. 편하게 생각을 공유하기 위해 글쓰기 플랫폼 '브런치'에 올렸던 글이 원전이다. 생각을 정리할 겸 몇 개의 글을 썼는데 생각보다 독자들의 반응이 좋았고, 한 출판사에서는 책으로 내자는 연락도 왔다. 기분 좋은 제안이었지만, 정중하게 거절했다. 글쓰기 관련 책을 쓰기에는 기획사 대표라는 직업이 어울리지 않다고 생각했기 때문이다.

국어국문학과 출신도 아니고, 우리말 문법이나 글쓰기를 제대로 배워본 경험이 한 번도 없다. 홍보팀이나 출판사에서 일한 경험도 없으니 교정 교열은 먼 나라 이야기였다. 심지어 맞춤법 때문에 사전을 뒤적거리는 일이 다반사였기 때문이다.

그 이후에도 몇 군데 출판사에서 계속 연락이 왔지만, 앞선 이유로 계속 고사했고 괜한 좌절감만 쌓여갔다. 그때 불현듯이 오래전에 경험했던 할아버지들의 골프 실력과 친구의 근육이 생각나면서 좌절감이 자신감으로 변하는 순간이 찾아왔다.

'전문적으로 배운 적은 없지만, 강의 현장에서 검토한 보고서가 수천 건이고, A4 용지로 따지면 몇 만 장도 더 되는데. 나라고 글쓰기 책 못 쓰라는 법이 없지 않을까?'

이런 생각으로 원고를 다듬고, 이론적 배경을 추가하면서 오래 묵혀둔 원고를 책으로 낼 수 있었다. 이 책은 국어학자나 기자, 도서 편집자 등 전문가가 쓴 책이 아니기에 오히려 세 가지 장점을 가진다고 생각한다.

첫째, 책을 손에 든 독자들과 눈높이가 맞다. 어떤 전문가라도 일정한 경지에 이르면 그렇지 못한 사람들의 입장을 이해하지 못하는 경우를 많이 보았다. 반면 나는 그런 경지에 이른 사람이 아니기에 독자들과 같은 눈높이에서 같은 고민을 이야기할 수 있다. 그래서 더욱 쉽게 다가갈 수 있는 책이 될 것이라 생각한다.

둘째, 국어 문법이나 이론이 아닌 실제 기업 현장에서 발굴한 사례를 중심으로 책의 내용을 구성했다. 보고서를 작성하는 누구라도 평소에 한 번은 고민해보았을 내용을 중심으로 책을 썼기에 좀 더 현장감 넘치는 책이 되리라 생각한다.

셋째, 학문적인 설명이나 근거를 제시하기보다 쉽고 친근한 언어로 구성했다. 옆에서 친구가 일상의 언어로 말해주듯, 선배가 토닥토닥 가르쳐주는 느낌의 친근한 책이 될 것이라 생각한다.

일을 하면서 좋은 파트너를 만난다는 것은 큰 행운이라고 생각한다. 내가 생각하는 좋은 파트너란 '믿고 의지할 수 있는 사람'이다. 나보다 실력이 뛰어

나서 나의 부족한 빈틈을 채워주고 더 나은 방향을 제시할 수 있는 사람이다. 이번 책을 작업하면서 그런 파트너를 만날 수 있었다. 덕분에 예전 원고를 정신 없이 묶고 구성한 글이 꽤 완성도 높은 책으로 나올 수 있었다. 책의 기획부터 편집, 교정 교열까지 수고해준 한빛미디어 박지수 책임님께 감사의 인사를 전한다.

마지막으로 본의 아니게 책을 쓸 수 있는 기회와 다양한 소스를 제공해준 무명의 수많은 교육생분들께 감사의 인사를 전한다. 그리고 이 책이 다시 그 분들 손에 들려 좀 더 설득력 있는 문장, 완벽한 보고서를 쓰는 데 일조할 수 있기를 바란다.

2024년 8월
갓기획 대표 **임영균**

목차 ————————————————————————————————

CHAPTER 02 간결하게

CHAPTER 03 이해하기 쉽게

보고서의 인상은
문장이 결정한다

이 책은 세상에 왜 나왔을까?

강의 섭외 전화는 언제나 반갑고 환영할 일이지만, 때로는 스트레스의 시작이 되기도 한다.

"강사님. 교육 마지막 시간에 교육생이 직접 보고서를 써보고, 강사님이 피드백 하는 시간을 가질 수 있을까요?"

"그럼요. 물론이죠."

기분 좋게 승낙하지만 전화를 끊자마자 머리가 지끈지끈 아파온다. 이미 몇 차례 교육생이 쓴 보고서를 검토하고 수정하는 과정에서 받는 고통(?)의 크기를 몸이 먼저 기억하고 반응하는 탓이다.

물론 교육생이 쓴 보고서를 검토하고 수정하는 과정은 서로에게 의미 있는 시간이다. 'As is'를 'To be'로 고치는 과정에서 교육생이 느끼고 배우는 바가 크고, 나 또한 보고서를 보는 안목을 키우며 경험치를 쌓을 수 있다. 하지만 하루 종일 보고서의 오류를 찾아내고, 수정하는 작업은 고통의 연속이다. 내 실력이 부족할뿐더러, 아무리 읽어도 뜻을 알 수 없는 보고서를 읽고 있노라면 에너지 소모가 꽤 크기 때문이다.

정확하게 세어보지 않았지만, 강사로 활동하며 대략 1만 건 정도의 보고서를 검토하고 수정했다. 검토한 보고서의 개수만큼 보고서에서 발견되는 오류의 유형도 다양하다. 전체 흐름이 맞지 않는 보고서는 스토리를 잡고, 내용이 정리되지 않은 보고서는 구조화하고, 근거가 부족하면 근거를 추가하며 한 땀 한 땀 보고서를 수정했다. 인내심이 필요한 과정이었지만, 노하우가 생기고 요령이 생기면서 그나마 익숙한 일이 되었다.

하지만 도무지 익숙해지지 않고, 답이 안 나오는 경우가 있다. 바로 '비문'으로 점철된 보고서이다. 말이 안 되거나, 의미가 명확하지 않거나, 너무 길고 장황한 문장은 몇 번을 다시 읽어도 이해하기 어려웠다. 할 수만 있다면 그 사람의 머릿속을 들여다보고 싶을 정도였다.

'도대체 무슨 생각으로 이런 문장을 쓴 걸까? 좀 짧게 쓰면 안 되나? 쉽게 쓸 수 없을까? 읽는 사람 입장을 좀 고려해주면 안 되나?'

이런 고민에서 책을 쓰기 시작했다. 세상의 모든 문장을 다룰 수는 없기에 주로 보고서에서 발견되는 비문을 정리하고, 보고서 문장을 잘 쓸 수 있는 방법을 연구했다. 우선, 강의 시간에 교육생들이 작성한 수많은 보고서를 모아서 거기서 발견한 오류를 분석했다. 때론 인터넷으로, 전문 서적으로 이론적 근거를 확인하면서 페이지를 채워갔다. 그 오랜 노력의 결과물로 이 책을 세상에 내놓을 수 있었다.

이 책에는 무슨 내용이 있을까?

"사소한 일이 우리를 위로한다. 사소한 일이 우리를 괴롭히기 때문이다."

블레즈 파스칼(Blaise Pascal)

보고서에서 무엇이 중요한지 생각해보자. 아마도 보고서의 내용을 꼽는 사람이 많을 것이다. 혹자는 보고서의 전체 구조나 논리가 중요하다고 생각할 것이다. 하지만 보고서의 문장이 중요하다고 생각하는 사람은 거의 없다. 나 또한 그랬다. 문장 표현은 사소하다고 생각했다.

하지만 수많은 보고서를 검토하면서 깨달은 사실은 가장 사소하다고 생각했던 '보고서의 문장'이 나를 괴롭힌다는 사실이었다. 마치 뼈 하나 부러진 것보다 손에 박힌 가시 하나가 더 신경 쓰이고 아픈 것처럼, 잘못된 문장 하나가 더 아프게 느껴졌다.

그래서 이번 책의 콘셉트는 '딱 한 놈만 팬다, 문장'으로 정했다. 보고서 내용이나 구조, 논리가 아닌 보고서 문장에만 초점을 맞췄다. 주요 항목은 세 가지로, 세 마리 '게'를 메인 디시로 떠올릴 수 있도록 구성했다.

- 오해 없이 – 명확하게
- 군더더기 없이 – 간결하게
- 어렵지 않고 – 이해하기 쉽게

다만, 문장 표현만으로 보고서를 쓸 수 없는 노릇이다. 여기에 사이드 디시로 곁들일 수 있는 실무에 바로 적용 가능한 보고서 작성 꿀팁을 정리했다. 보고서 작성에 필요한 구조, 형식, 시각화 등에 관한 내용으로 보고서 문장의 기술을 읽은 후에 참고해도 좋고, 필요에 따라 먼저 읽어도 된다.

Main dish 쉽게 명확하게 간결하게

Side dish 구조 형식 시각화 참고 자료

이 책을 어떻게 활용할 수 있을까?

다시 강조하지만, 이 책에서는 보고서의 모든 요소를 다루지 않는다. 문장 표현, 그중에서도 보고서에 쓰이는 문장 표현만 다룬다. 세상에 존재하는 모든 문장을 다루기에 한 권의 책은 턱없이 부족하고, 개인적인 역량 또한 그에 부응하기 어렵기 때문이다.

어려운 책이 되지 않기를 바라는 마음에 문법이나 맞춤법에 대한 설명은 최대한 자제했다. 관형어, 체언, 용언, 조격, 조사 등 국어 문법의 방대함과 난해함 앞에 내가 했던 좌절의 경험을 독자들이 똑같이 느끼게 하고 싶지 않았다.

이 책이 누구나 쉽게 읽을 수 있는 보고서 문장 표현의 기초 지침서가 되었으면 한다. 책상 한쪽에 두고 보고서 문장을 쓰다가 어려움을 겪을 때 꺼내 볼 수 있는 반려서가 되길 바란다.

이 책을 읽으면 어떤 효과가 있을까?

'이 책을 읽으면 보고서를 진짜 잘 쓰게 된다.', '문장의 고수가 된다.'와 같은 허황된 이야기로 독자를 현혹하고 싶지 않다. 솔직히 말해 이 책 한 권을 읽는다고 해서 아무것도 달라지지 않을 수도 있다. 다만, 내 문장이 완벽하지 않음을 깨달아 더 노력하는 계기가 되었으면 한다.

구조가 튼튼하고 외형이 아름다운 집도, 중간에 벽돌 하나가 깨져 있으면 가치가 떨어질 수밖에 없다. 보고서도 마찬가지다. 구조가 탄탄하고, 형식이 아무리 우수해도 보고서의 기초가 되는 문장이 제대로 되어 있지 않으면 좋은 보고서가 될 수 없다.

벽돌이 기초가 되어, 벽이 되고, 다시 그 벽이 구조가 되어 좋은 집이 완성되는 것처럼 보고서의 기초가 되는 문장이 쌓여 문단이 되고, 문단이 모여 하나의 보고서로 완성된다. 보고서의 시작이자 기초가 되는 문장이 그만큼 중요하다는 뜻이다.

그럼 지금부터 그 기초를 다질 수 있는 보고서 문장 표현의 세계로 들어가보자. 더도 말고 덜도 말고 딱 세 마리 게만 잡는 것으로 시작해보자.

명확하게, 간결하게, 이해하기 쉽게

CHAPTER 01

명확하게

명확하지 않은 문장으로 이야기하면
상대방에게는
외계어로 들릴 뿐이다.

내가 알아도
상대방은 모를 수 있다

지식의 저주에 걸리면
약도 없다

보고서는 상대방 입장에서 쓴다는 말이 있다. 보고서를 쓸 때마다 귀에 인이 박이게 들어서 너무 당연하게 생각되는 말이다. 그래서인지 다들 당연하게 생각할 뿐, 이를 실천하는 데는 소홀한 것이 현실이다. 방법은 생각보다 간단하다. 상대방이 이해하지 못하거나 잘못 이해할 수도 있다고 끊임없이 의심하며 최대한 구체적으로 쓰는 것이다.

- A 사는 회사 발전을 위해 주 40시간 업무에 최선을 다하고 있음

이 문장은 언뜻 보면 이상해 보이지 않지만, 해석하기에 따라 의미가 달라질 수 있다. 먼저 '직원들이 주 40시간 동안 업무에 최선을 다하고 있다'는 뜻으로 해석이 가능하다. 또는 A 사가 '40시간 업무 제도를 유지하기 위해 최선을 다한다'는 뜻으로 해석이 가능하다. 전달하고자 하는 의미에 맞게 다음과 같이 고쳐 쓰는 것이 좋다.

- A 사 직원들은 회사 발전을 위해 주 40시간 동안 최선을 다해 업무를 하고 있음

- A 사는 회사 발전을 위해 주 40시간 업무 제도를 유지하는 데 최선을 다하고 있음

문장이 다소 길어진다는 단점은 있지만, 작성자가 전달하고자 하는 의미가 좀 더 명확하게 전달된다.

이런 실수는 보고서에서 생각보다 많이 발견된다. 다음 내용은 어느 공공기관에서 작성한 보고서의 일부이다. 기관 위치, 담당자 확인, 증명서 발급 등 불필요한 상담 전화가 전체 상담 업무의 50% 이상을 차지해서 이를 개선하기 위해 작성한 보고서다.

□ 추진배경
  ○ 상담사 없는 업무 처리를 통한 고객 대기시간 감소
  ○ 단순·반복 업무의 고객 셀프 처리를 통하여 자격·부과 등 ○○보험 상담 업무 전문성 강화

첫 번째 문장을 보면, 상담사가 없는데 어떻게 고객 대기시간이 감소한다는 것인지 도무지 이해되지 않는다. 두 번째 문장에서도 '고객 셀프 처리'는 무슨 말이고, '누가' 상담 업무 전문성을 강화한다는 뜻인지 명확하지 않다. 다음과 같이 고쳐보자.

□ 추진배경
  ○ 상담사 연결이 필요 없는 자동 응답 시스템을 도입하여 고객 대기시간 감소
  ○ 단순 반복 문의 감소로 상담사는 자격·부과 등 전문적인 ○○보험 상담 업무에 집중 가능

좀 더 명확한 표현을 위해 문장의 주어를 앞쪽에 배치해서 수정해보자.

□ 추진배경
  o 고객은 상담사 연결이 필요 없는 자동 응답 시스템을 이용하여 대기 시간 감소
  o 상담사는 단순 반복 문의 감소로 자격·부과 등 전문적인 건강보험 상담 업무에 집중 가능

세상에 '말하지 않아도 알아요'는 없다. '무엇' 때문에 고객 대기시간이 감소하고, '누구'의 상담 업무 전문성이 강화되는지 생략하면 상대방은 그 의미를 알길이 없다. 좀 더 구체적으로 명확하게 쓰는 것이 좋다.

다음은 어느 기관에서 마약 관련 대책 마련을 위해 쓴 보고서의 일부 내용이다.

□ 해결책
  o (예방) 인터넷, SNS, 24시간 상시 범죄 모니터링 구축으로 사전 차단
  o (조치) 초·중·고 대상 마약 예방 교육을 강화하고 적발 시 엄중한 처벌
  o (사후) 청소년 마약 보호 센터를 수립하여 5년간 관리·감독

첫 번째 문장에서는 무엇을 사전 차단한다는 것인지, 두 번째 문장에서는 무엇을 적발한다는 것인지, 세 번째 문장에서는 누구를 관리 감독한다는 것인지 의미가 명확하지 않다. 다음과 같이 고쳐보자.

□ **해결책**

    ○ (예방) 인터넷, SNS, 24시간 상시 범죄 모니터링 구축으로 <u>마약 유통</u> 사전 차단

    ○ (조치) 초·중·고 대상 마약 예방 교육을 강화하고 <u>마약 소지 및 복용</u> 적발 시 엄중한 처벌

    ○ (사후) 청소년 마약 보호 센터를 수립하여 5년간 <u>청소년 마약사범</u> 관리·감독

문장이 다소 길어졌지만, 의미가 좀 더 선명해지고 명확하게 전달된다. 다음 보고서에서도 비슷한 오류가 발견된다.

□ **배경**

    ○ 순환근무 시행으로 부서 내 맞춤형 직무교육 필요성 대두

순환근무 시행 때문에 부서 내 맞춤형 직무교육이 필요하다는 주장이 논리적으로 연결되지 않고, 바로 이해하기도 어렵다. 맞춤형 직무교육이라는 방법 이전에 왜 그게 필요한지 그 이유에 대한 설명이 생략되었기 때문이다. 다음과 같이 조금 더 구체적으로 수정해보자.

□ **배경**

    ○ 잦은 순환근무 시행으로 <u>부서 업무에 적응할 시간이 부족하여</u>, 부서 내 맞춤형 직무교육 필요

다음 보고서에서도 비슷한 실수가 발견된다.

□ 문제점

  ○ A 공단, B 기관, C 위원회에서 비용 자료를 수집하여 회계 담당자의
     업무 부담 증가

'A 공단, B 기관, C 위원회에서 비용 자료를 수집'하는 것과 '회계 담당자의
업무 부담 증가' 사이에 많은 내용이 생략되어 있어 의미를 파악하기 어렵고,
이해가 가지 않는다. 다음과 같이 좀 더 구체적으로 수정해본다.

□ 문제점

  ○ A 공단, B 기관, C 위원회에서 비용 자료를 개별적으로 수집·관리하
     여, 자료가 중복되고 정리되지 않아 회계 담당자의 업무 부담이 증가함

물론 이렇게 반박하는 사람이 있을 수 있다. 앞뒤 맥락을 통해 충분히 그 내
용을 파악할 수 있는데, 꼭 길고 구체적으로 써야 되는지 하고 말이다. 물론 그
말의 취지에는 동의한다. 수요자가 앞뒤 내용을 찬찬히 읽고 맥락을 파악하면
충분히 그 의미를 이해할 수 있다.

문제는 수요자가 내용을 이해하기 위해 인지적 노력을 기울여야 한다는 점
이다. 이 과정에서 보고서를 검토하는 수요자의 뇌는 과도한 에너지를 쓰고, 스
트레스가 쌓이게 된다. 스트레스가 쌓인 끝에 수요자 입장에서 나올 수 있는 말
은 한마디밖에 없다.

"무슨 말인지 모르겠어."

이와 관련해 '지식의 저주'라는 말이 있다. 내가 알고 있는 것을 상대방도 알고 있을 것이라 착각하는 현상을 말한다. 지식의 저주에 걸리면, 소위 '말하지 않아도 알아요' 병이 발동되면서 너무 많은 것을 생략하거나 모호한 표현을 써서 문장의 의미를 명확하게 나타내지 못한다.

작성자와 수요자의 동상이몽

오래전 직장 생활을 돌이켜 생각해보면, 보고서를 제출하고 내용을 이해하지 못하는 상사를 향해 속으로 이런 생각을 했던 기억이 난다.

'이 정도도 이해 못하면서 팀장 자리에 앉아 있어도 되나? 아예 떠 먹여 달라는 거야?'

시간이 지나고 나서 예전에 쓴 보고서를 다시 들춰보니, 내 생각이 짧았다는 것을 알아차리는 데 1분도 걸리지 않았다. 무슨 말인지 모르겠고, 모호하며 구체적이지 못한 보고서 앞에 '그 시절 내가 지식의 저주에 제대로 걸려 있었구나'라는 생각이 들었다.

지식의 저주를 풀 수 있는 치료제는 간단하다. **내가 아는 것을 상대방은 모**

를 수도 있다고 생각하고 최대한 구체적으로 쓰는 것이다. 문장이 다소 길어진다는 단점은 있지만, 그 단점을 상쇄하고도 남을 훨씬 더 큰 장점이 있다. 명확함 앞에 간결함은 숭고한 희생을 감내해야 함을 잊지 말자.

주어가 누락되지 않도록
항상 신경 쓰자

―――――――――――――― 나라 잃어 슬픈 국민만큼,
주어를 잃은 문장도 슬프다

보고서에 등장하는 문장 구조는 수많은 형태가 있지만, 가장 기본이 되는 구조는 '주어+술어'이다. 문장의 주체인 '주어'와 주어의 행동이나 상태를 설명하는 '술어'를 기본으로 문장이 길어진다.

- 영희가 간다.
- 영희가 도서관에 간다.
- 영희가 철수와 도서관에 간다.
- 영희가 철수와 손을 잡고 시험 공부를 하기 위해 도서관에 간다.

이때 다른 부분은 삭제해도 의미가 통하지만, 행동이나 상태의 주체인 '주어'가 누락될 경우 문장의 의미가 제대로 전달되지 않을 수 있다.

이런 실수는 주어와 술어가 두 번 이상 반복되는 겹문장*에서 많이 나타난

―――――――

* 한 개의 홑문장이 다른 문장 속에 들어가 있거나 홑문장이 서로 이어져 여러 겹으로 된 문장(예: 영희가 가고, 철수가 온다, 영희는 철수가 가는 것을 보았다.)

다. 문장 앞이나 뒤에서 이미 주어를 썼기 때문에 다른 한쪽에서 주어를 생략해도 된다고 생각할 수 있다. 다음 문장을 보자.

□ **주차 안내**
  ○ 회사 건물에 주차를 하기 위해서는 사전 등록이 필요하며, 차량이 사전에 등록되어 있지 않은 경우 차량 출입이 제한됩니다.

위 문구는 모 기업 지하 주차장에서 본 문구다. 앞 문장을 보면 도대체 **누가 회사 건물에 주차하기 위해서 사전 등록이 필요한 것인지** 그 의미가 명확하지 않다. 물론 쓰는 사람은 다 알고 썼겠지만, 상대방은 그 의미를 파악하는 데 어려움을 겪을 수 있다. 사라진 주어를 찾아서 명확한 문장으로 고쳐야 한다.

□ **주차 안내**
  ○ 방문객이 회사 건물에 주차를 하기 위해서는 사전 등록이 필요하며, 차량이 사전에 등록되어 있지 않은 경우 차량 출입이 제한됩니다.

비슷한 실수는 보고서에서도 자주 발견된다. 다음은 어느 교육청 보고서 작성 실습에서 나온 보고서 내용의 일부다.

□ **학교생활 활성화 방안**
  ○ 건전한 여가활동으로 이어질 수 있도록 학교에서 다양한 방과후 프로그램을 개설하고자 함

위 문장에서 뒤 문장의 주어는 '학교에서'인데, 앞 문장의 주어가 생략되어

있다. 물론 앞뒤 맥락을 통해 앞 문장의 주어를 추론할 수는 있지만, 상대방의 인지적 노력을 줄여주기 위한 조치가 필요하다. 주어를 잃은 앞 문장의 슬픔을 위로하기 위해 주어를 찾아서 고쳐 쓰는 것이 좋다.

□ 학교생활 활성화 방안

　○ 학생이 건전한 여가활동을 할 수 있도록 학교는 다양한 방과후 프로그램을 개설해야 함

　앞 문장이 주어 '학생이'를 포함시켜 문장을 쓰면 의미가 명확해진다. 여기에 더해 '학교에서'라는 수동 표현을 '학교는'이라는 능동 표현으로 고쳐 쓰니 좀 더 적극적인 문장이 완성되었다.

　다음으로 주어와 술어 사이의 거리도 중요하다. 자세한 설명에 들어가기 전에 다음 문장을 먼저 보자. 이 문장에서도 주어가 생략되어 있다. 뒤 문장의 주어를 찾아서 기술해야 한다.

• 현대차는 지난달 16만 대의 차를 팔아서 작년 8월보다 19.4% 증가했다.

　강의 시간에 교육생들에게 사라진 주어를 찾아서 고쳐보라고 하면 답변은 크게 두 가지로 갈린다.

• 현대차는 지난달 16만 대의 차를 팔아서 판매량이 작년 8월보다 19.4% 증가했다.

• 현대차는 지난달 16만 대의 차를 팔아서 작년 8월보다 판매량이 19.4% 증가했다.

보고서에 절대적인 정답은 없기에 두 가지 모두 정답이다. 하지만 좀 더 높은 점수를 받는 것은 후자다. 왜 그럴까? 주어와 술어 사이의 거리가 멀수록 의미 파악이 어렵거나 뜻이 왜곡될 수 있어, 주어와 술어는 가급적 가깝게 배치하는 것이 좋기 때문이다. 다음 두 문장을 읽어보면 어느 쪽이 의미를 파악하기 쉬운지 알 수 있을 것이다.

A 지역 부동산 가격이 최근 주택가격 상승으로 최대 500만 원/평 인상됨
→ 최근 주택가격 상승으로 A 지역 부동산 가격이 최대 500만 원/평 인상됨

다음 예시도 같은 원리다. 주어와 술어의 거리가 가까운 두 번째 문장을 이해하는 것이 더 쉽게 느껴진다.

고객 불만이 A 제품 수요 증가로 배송이 지연되어 증가하고 있음
→ A 제품 수요 증가로 배송이 지연되어 고객 불만이 증가하고 있음

마지막으로 알아두면 좋은 조사의 쓰임에 대해서 알아보자. 주어를 나타내는 조사는 '은(는)'과 '이(가)'가 주로 쓰이는데, 그 차이에 유의해야 한다. 다음과 같이 그 의미와 쓰임 차이를 간략하게 정리해두니 참고하기 바란다.

구분	이(가)	은(는)
공통점	주어를 표현할 때 쓰이는 조사	
차이점 1	주어가 문장에 처음 등장할 때	앞 문장에 나온 주어를 반복해서 쓸 때
차이점 2	주어가 더 중요한 의미를 지닐 때	주어를 제외한 다른 내용이 더 중요한 의미를 지닐 때

첫 번째 차이는 동일한 주어를 반복해서 쓰고자 할 때 제일 먼저 등장하는

주어에는 이(가)를 쓰고, 뒤에 반복해서 나오는 주어에는 은(는)을 쓰는 데 있다.

- 옛날 옛적에 혹이 달린 할아버지가 살고 있었습니다. 할아버지는 혹 때문에 하루하루 생활이 힘들었습니다.

다음 보고서에서도 처음 등장하는 주어에는 '가'를 쓰고 두 번째로 등장하는 주어에는 '는'을 사용했다.

- 현대차가 지난 8월 인천 공장을 완공하고, 본격적인 생산에 돌입함
- 현대차는 본 공장에서 연 8만 대의 차량을 생산할 것으로 예측하고 있음

두 번째 차이는, 문장에서 강조하는 것이 '주어인지, 주어가 아닌지'에 있다. 예를 들어 'BTS의 뷔가 노래를 잘한다.'라고 쓰면 BTS 멤버 여러 명 중에 다른 누구도 아닌, 뷔가 노래를 잘한다는 의미로 전달된다. 반면 'BTS의 뷔는 노래를 잘한다.'라고 쓰면 뷔는 춤, 랩이 아닌 노래를 더 잘한다는 의미로 전달된다. 이(가)를 은(는)으로 바꿨을 뿐인데 문장이 전하고자 하는 의미에 변화가 생긴다.

다음 보고서 문장에서 그 차이를 확인해보자.

- 현대차가 생산량을 10% 증대하기로 발표함

위 문장은 다른 어떤 회사도 아닌 '현대차'가 생산량을 증대하기로 발표한 것이 중요하다는 의미가 전달된다.

> • 현대차는 생산량을 10% 증대하기로 발표함

　　반면, 위와 같이 쓰면 '다른 회사는 생산량을 8% 증대하는데, 현대차는 10%를 증대한다.' 혹은 '수출량이나 수입량이 아닌 생산량을 증대한다.' 등의 의미가 전달된다. 주어가 아닌 앞뒤로 붙는 다른 부분 '생산량', '10%', '증대' 등이 강조되는 표현이다.

　　나라 잃은 국민의 고통에 비할 바는 아니지만, 문장의 주인인 주어를 잃은 문장이 수요자에게 주는 고통의 크기도 무시할 수 없다. 문장의 의미가 제대로 전달되지 않을 수 있으니, 사라진 주어를 찾아서 써야 한다. 이때 주어와 술어를 가깝게 붙여 쓰고, 이(가)와 은(는)의 차이까지 유념해서 쓴다면 좀 더 좋은 문장을 쓸 수 있다. 문장의 주체인 주어가 바로 서야 문장이 바로 서고, 문장이 바로 서야 보고서 전체의 의미가 제대로 전달된다. 보고서의 수요자가 좀 더 명확하고 쉽게 내 문장을 이해할 수 있도록 딱 세 가지만 주의해서 문장을 써보자.

보고서 문장 주어 사용 시 3대 주의 사항

1) 주어의 생략에 주의한다.

2) 주어와 술어는 가깝게 쓴다.

3) 이(가)와 은(는)의 차이를 알고 쓴다.

명확한 술어로
문장을 종결하자

술에 술 탄 듯 애매한 술어 사용을
자제하라

보고서를 읽다 보면 가끔 문장의 종결이 명확하지 않아, 해석에 오해가 생기는 경우가 종종 있다. 예를 들어 다음과 같은 문장이다.

- 2024년 업무 성과를 종합한 후에 <u>조직 개편</u>

작성자는 분명 알고 썼을 것이다. 조직 개편이 필요한 것인지, 조직 개편을 해야 한다는 것인지, 조직 개편을 하고 있는 중인지, 조직 개편을 했다는 것인지를 말이다. 하지만 수요자 입장에서는 앞뒤 맥락과 사정을 파악해서 그 의미를 해석해야 하므로 불필요한 에너지가 소비된다. 다음과 같이 좀 더 명확한 문장으로 술어를 고쳐 쓰는 것이 좋다.

- 2024년 업무 성과를 종합한 후에 <u>조직 개편 검토 필요</u>
- 2024년 업무 성과를 종합한 후에 <u>조직 개편 방안 수립 예정</u>
- 2024년 업무 성과를 종합한 후에 <u>조직 개편 완료</u>

주어가 문장의 시작이라면, 술어는 문장의 종결이다. 완결성을 갖추는 것이 좋다. 상대방의 머릿속에 '이게 무슨 뜻이지?'라는 물음표를 남기면 안 된다. '아 이런 뜻이구나!'라는 확실한 느낌표로 마무리해야 한다. 술어를 명확하게 쓰는 방법에 정답은 없지만 다음 세 가지 방법을 추천한다.

1. 시제가 명확해야 한다

- 임직원 만족도 제고를 위하여 인사 제도 개정

위와 같이 쓰면 인사 제도를 개정했다는 것인지, 하고 있는 것인지, 하겠다는 것인지 의미가 불분명하다. 상대방이 알아서 해석할 것이라는 생각은 철저히 경계하자. 시제 표현은 한 치의 오해가 없도록 명확하게 해주는 것이 좋다.

'인사 제도 개정 완료/추진 중/추진 예정'이라고 시제를 분명히 제시해서 상대방이 명확하게 이해할 수 있도록 한다.

2. 단호해야 한다

- 임직원 만족도 제고를 위하여 인사 제도 개정이 필요할 것 같음

판단을 보류하거나, 책임을 회피하는 듯한 소위 '빠져나갈' 여지를 주는 표현은 지양하자. 보고서는 단호하게 써야 한다. '~일 수 있음', '~가 필요해 보임', '~하는 것이 좋을 것 같음' 등 수동적이고 회피적인 표현은 자신감이 떨어져 보인다. '~해야 함', '실행함', '추진함'처럼 자신감 있고 단호하게 표현하는 것이 좋다.

3. 동명사형이나 명사형 종결로 통일해서 쓴다

동명사형은 동사를 명사화해서 종결하는 형태로, 일명 '음슴체'라고도 한다. '임', '음', '함' 등으로 종결하는 방식이 대표적이다.

- 기관 운영 및 평가 제도 개선을 위해 전문가 토론회를 개최해야 함
- A 시장 철수와 B 시장 진출에 대한 논의가 필요함

이때 '함' 뒤에 마침표를 찍는 것이 원칙이다. 하지만 마침표를 찍지 않는 것도 허용된다고 국립국어원에서 밝힌 바, 점 하나라도 줄이는 것이 좋다고 생각한다면 찍지 않는 것을 추천한다.

명사형 종결은 '음', '임', '함' 등도 사족처럼 생각해서, 이를 제거하고 명사 형태로 종결하는 방식을 말한다.

- 기관 운영 및 평가 제도 개선을 위해 전문가 토론회 개최 예정
- A 시장 철수와 B 시장 진출 논의 필요

둘 중 어느 쪽을 택하든 개인의 자유지만, 가급적 한 보고서 안에서는 동명 사형, 명사형 둘 중 하나를 일관성 있게 쓰려는 노력이 필요하다.

> □ 세 가지 취업 준비 방안
> - ○ 회사에 대한 명확한 이해를 토대로 기업분석자료를 준비함
> - ○ 직무 적합성을 보여주기 위한 인턴십, 봉사활동 자료 제시
> - ○ 조직인으로서의 면모를 드러내기 위한 복장, 말투 장착

위와 같이 써도 틀린 것은 아니지만, 조금만 더 고민한다면 '기업분석자료

를 준비함'을 '기업분석자료 준비'로 고쳐서 일관성 있게 쓰는 것이 좋다.

보고서는 그 사람의 얼굴이라는 말이 있다. 무슨 생각을 하는지, 어떤 일을 했는지, 어떤 일을 하고 싶은지 머리를 열어서 상대방에게 보여줄 수 없기에 보고서가 그 역할을 대신하기 때문이다.

보고서가 사람의 얼굴이라면, 술어는 그 사람의 표정이라고 할 수 있다. 문장 종결을 어떻게 하느냐가 사람의 표정과 같이 많은 의미를 담고 있기 때문이다. 술어는 술에 술 탄 듯 애매모호하게 쓰지 말고, 명확하게, 단호하게, 그리고 전체적으로 일관성 있게 기술해서 내 보고서의 완벽한 표정을 연출해보자.

문장 기술 **04**

주어와 술어에는
적절한 연결이 필요하다

주어와 술어 사이에
멋진 오작교를 놓아보자

앞서 주어를 잃은 문장의 고통에 대해서 알아봤다. 이번에는 주어가 술어를 제대로 만나지 못할 때 생기는 고통에 대해서 알아보자.

보고서를 읽다 보면 대충 무슨 의미인지는 알겠는데, 어딘지 모르게 이상한 문장이 있다. 이처럼 뜻은 통하지만 앞뒤가 맞지 않는 문장을 비문이라고 한다. 가장 대표적인 경우는 주어와 술어가 호응하지 않는 경우다. 예를 들면 이런 식이다.

• 팀장의 역할은 팀원들이 성과를 낼 수 있도록 지원해야 한다.

위 문장에서 주어는 '팀장의 역할'이고, 술어는 '지원해야 한다'이다. 둘 사이에 '팀원들이 성과를 낼 수 있도록'이라는 구절이 삽입되면서 문장이 길어졌다. 결국 주어와 술어 사이의 거리가 멀어지면서, 호응하지 못하는 실수가 벌어졌다. 내용을 이해하는 데 문제가 없지만, 어딘지 모르게 어색하다. 주어와 술어가 호응하도록 문장을 고쳐 써야 한다.

- 팀장의 역할은 팀원들이 성과를 낼 수 있도록 지원하는 것이다.
- 팀장은 팀원들이 성과를 낼 수 있도록 지원해야 한다.

다음 보고서 문장도 자연스러운 문장처럼 보이지만, 치명적인 오류가 포함되어 있다.

> ☐ **현황**
> ○ A 상품에 대한 주요 불만은 품질 개선과 가격 상승이다.

위와 같이 쓰면 '주요 불만'이 '품질 개선'과 '가격 상승'이라는 뜻이 된다. 주어와 술어가 호응하지 않는다. '품질 개선'은 불만이 될 수 없다. 다음과 같이 고쳐 쓴다.

> ☐ **현황**
> ○ A 상품에 대한 주요 불만은 품질과 가격 상승이다.

다음 문장은 두 개의 주어를 한 개의 술어에 연결할 때 발생하는 실수를 잘 보여준다.

> - 한 번 훼손된 자연 환경을 회복하려면 많은 비용과 긴 시간이 걸린다.

'비용'과 '시간'이라는 두 개의 주어를 한 개의 술어 '걸린다'에 연결해서 쓰고 있다. '시간'은 걸리는 것이 맞지만, '비용'이 걸린다는 것은 맞지 않는 표현이다. 비용에 맞는 적절한 술어를 쓰는 것이 좋다.

> • 한 번 훼손된 자연 환경을 회복하려면 많은 비용이 들고 긴 시간이 걸린다.

주어와 술어가 호응하지 못하는 이유는 문장이 길어지면서 주어와 술어 사이의 거리가 멀어지기 때문이다. 주어와 술어가 어긋나지 않게 하려면 문장을 간결하게 쓰는 것이 최선이다. 어쩔 수 없이 문장이 길어졌다면, 주어와 술어만 읽어서 서로 호응하는지 검토하려는 노력이 필요하다.

주어와 술어의 호응 못지않게 목적어와 술어가 호응하지 않는 경우도 보고서에서 많이 발견되는 실수다.

> • 이 장치는 유해 가스와 에너지 효율을 높이려고 개발되었다.

위 문장을 분리해서 해석해보면 '유해 가스를 높이고', '에너지 효율을 높인다'는 뜻이 전달된다. 유해 가스를 높이는 것은 맞지 않는 표현이다. 다음과 같이 고쳐 쓰는 것이 좋다.

> • 이 장치는 유해 가스를 줄이고, 에너지 효율을 높이려고 개발되었다.

다음 보고서 문장도 자연스러운 문장처럼 보이지만 자세히 보면 오류가 숨어 있다.

> ☐ 조직 문화
> ○ 특정인에게 업무 몰아주기 방지와 부당한 업무 지시에 'NO'라고 표현할 수 있는 문화 조성으로 상호협력 가능한 직무환경 개선

이렇게 쓰면 '상호협력 가능한 직무환경'을 '개선'해야 한다는 의미가 전달될 수 있다. '상호협력 가능한 직무환경'을 '구축'하는 것이 맞는 표현이다.

□ 조직 문화
  ○ 특정인에게 업무 몰아주기 방지와 부당한 업무 지시에 'NO'라고 표현할 수 있는 문화 조성으로 상호협력 가능한 직무환경 <u>구축</u>

다음 보고서의 두 번째 문장에도 목적어와 술어가 호응하지 않은 비문이 포함되어 있다.

□ 배경
  ○ 직원들이 보고서 작성 요령이 미흡하여 야근이 잦고, 부서 내 보고서 양식이 표준화되지 않아 업무 파악 및 연계에 어려움 발생
  ○ 정기적인 보고서 교육과 부서 내 자주 사용하는 보고서 양식을 팀원 간 공유하여 업무 효율성 증진 기대

'정기적인 보고서 교육'이라는 목적어와 '부서 내 자주 사용하는 보고서 양식'이라는 목적어가 '공유하다'라는 한 개의 술어에 연결되어 있다. 상식적으로 생각해봤을 때 교육을 공유하지는 않으니, 적절한 술어를 찾아서 다음과 같이 고쳐 써야 한다.

  ○ 정기적인 보고서 <u>교육을 시행하고</u> 부서 내 자주 사용하는 보고서 양식을 팀원 간 공유하여 업무 효율성 증진 기대

이제 어느 정도 감을 익혔을 것이다. 다음 보고서에서 주어와 술어가 호응

하지 않거나, 목적어와 술어가 호응하지 않는 문장을 스스로 고쳐보자.

□ **한국 김치 세계화 방안**
  ○ 한국 김치 마케팅을 위한 일원화된 체계와 전문 인력 배치
  • 김치산업연구소는 수출과 내수 회복 등으로 관련 인력 수요가 증가할 것이라는 전망임

첫 번째 문장에서는 '일원화된 체계'와 '전문 인력'이라는 두 개의 목적어가 '배치'라는 한 개의 술어에 연결되어 이상한 문장이 되었다. 다음과 같이 고쳐 쓴다.

  ○ 한국 김치 마케팅을 위한 <u>일원화된 체계 구축</u>과 전문 인력 배치

두 번째 문장에서는 '김치산업연구소'라는 주어가 '전망임'이라는 술어와 호응하지 않는다. 다음과 같이 고쳐 쓴다.

  • 김치산업연구소는 수출과 내수 회복 등으로 내년 관련 인력 수요가 증가할 것이라고 <u>전망함</u>

문장에서 앞에 나온 말에 맞게 뒤에 나오는 말을 적절하게 쓰는 걸 '호응'이라고 한다. 호응하지 않는 문장은, 옷은 입었지만 마치 반바지에 정장 구두를 신은 것마냥 어색한 모양이 된다. 주어와 술어, 목적어와 술어의 호응을 맞춰 문장을 맵시 나게 만들어보자.

문장의 연결은 물 흐르듯 자연스러워야 한다

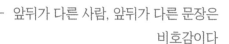

앞뒤가 다른 사람, 앞뒤가 다른 문장은
비호감이다

회사에서 비호감인 사람 유형을 꼽자면 한도 끝도 없지만, 그중 대표적인 세 가지 유형이 있다.

1. 답정너: 내 말이 곧 법이요 정답이라고 생각하는 사람

2. 프로불만러: 모든 게 다 안 되고 투덜투덜 불평만 하는 사람

3. 야누스형: 앞에서 한 말과 뒤에서 하는 말이 다른 사람

이 중 세 번째 야누스형 인간이 문장으로 환생해 보고서에 등장하는 경우가 종종 있다. 이런 문장을 앞뒤가 맞지 않는 문장이라고 한다. 이런 문장을 보고 있으면 '이게 도대체 무슨 말인가?'라는 생각이 든다. 짧은 문장에서는 이런 실수가 거의 없지만, 두 개의 문장을 연결해서 쓰는 경우 이런 오류가 심심치 않게 발생한다.

보고서에 등장하는 문장의 연결 형태는 다양하지만 순접, 역접, 수단과 효과, 원인과 결과의 네 가지 형태가 주로 쓰인다.

- **(순접)** A 하고(이며), B 한다(이다).
- **(역접)** A이지만, B 한다.
- **(수단과 효과)** A를 하여(으로), B가 된다.
- **(원인과 결과)** A 해서(되어), B 한다.

이때 문장의 연결성을 고려해서 조사와 어미를 제대로 써야 하는데, 여기서 오류가 발생한다. 다음 문장을 보자.

> ☐ **자산 관리 방안**
>   ○ 월별 생활비를 100만 원으로 제한하여 저축 생활화

'월별 생활비를 제한하는 것'과 '저축 생활화'는 순접 관계로, 수단과 효과를 연결하는 동사 어미 '하여'보다 '~하고'를 쓰는 것이 좋다.

> ☐ **자산 관리 방안**
>   ○ 월별 생활비를 100만 원으로 제한하고 저축 생활화

이때 앞 문장과 결을 맞추기 위해 '저축' 뒤에 조사 '을'을 추가해주면 좀 더 자연스러운 문장이 된다.

> ☐ **자산 관리 방안**
>   ○ 월별 생활비를 100만 원으로 제한하고 저축을 생활화

다음 문장도 어느 부분이 어색한지 확인해보자.

□ **팝업스토어 성공 요인**

　　○ 이번 이벤트의 성공 요인은 고객 동선을 고려한 효과적인 체험 방식
　　이며, 상품 구매와 인지도 확산에 기여했음

위 문장에서 '이며'는 순접을 표현하는 조사이기 때문에, 그 쓰임이 적절하지 않다. 앞의 내용과 뒤에 내용이 자연스럽게 연결되지 않는다. 위 문장은 수단과 효과로 연결하는 것이 좋다. 다음과 같이 고쳐 쓴다.

□ **팝업스토어 성공 요인**

　　○ 이번 이벤트의 성공 요인은 고객 동선을 고려한 효과적인 체험 방식
　　<u>으로</u> 상품 구매와 인지도 확산에 기여했음

혹은 다음과 같은 표현도 가능하다고 생각한다.

□ **팝업스토어 성공 요인**

　　○ 이번 이벤트에는 고객 동선을 고려한 효과적인 체험 방식을 <u>적용하여</u>
　　상품 구매와 인지도 확산에 기여했음

만약에 위 문장을 순접으로 연결하여 '이며'를 쓰고자 했다면, 다음과 같은 문장이 적절하다고 생각한다.

□ **팝업스토어 성공 요인**

　　○ 이번 이벤트의 성공 요인은 고객 동선을 고려한 효과적인 체험 방식
　　이며, <u>차별화된 제품 전시 방식도 효과가 있었다고 판단됨</u>

좀 더 간결하게 쓴다면 다음과 같이 고쳐 쓰는 것도 가능하다.

□ **팝업스토어 성공 요인**
　○ 이번 이벤트 성공 요인은 고객 동선을 고려한 <u>효과적인 체험 방식과</u>
　　<u>차별화된 제품 전시 방식임</u>

다음 문장은 '고'라는 연결 어미를 써서 순접으로 연결하고 있다. 하지만 그 의미를 생각해보면 앞 문장은 원인이고 뒤 문장은 결과에 해당한다.

□ **현황 및 문제점**
　○ SNS를 활용한 마약 거래 방식이 <u>보편화되고,</u> 누구나 쉽게 마약류를
　　구할 수 있음

다음과 같이 원인을 뜻하는 연결 어미 '~해서', '~어' 등으로 수정해서 쓴다.

□ **현황 및 문제점**
　○ SNS를 활용한 마약 거래 방식이 <u>보편화되어</u> 누구나 쉽게 마약류를
　　구할 수 있음

다음 보고서에도 앞뒤가 맞지 않는 문장이 포함되어 있다.

ABC 스마트영업 시스템 사용 모니터링 계획안

□ **현황**
　○ ABC 스마트영업 시스템 도입에 따른 기존 업무 방식 고수 및 업무

> 환경 변화 적응에 어려움
>
> (생략)

무슨 말을 하고자 하는지 그 의도는 충분히 추론할 수 있다. 하지만 보고서를 보는 수요자에게 추론을 강요해서는 안 된다. 읽는 즉시 이해할 수 있게 써야 한다.

앞의 문장에서 '~에 따른'은 주로 원인과 결과에 해당하는 내용을 이어줄 때 쓴다. 하지만 앞의 문장은 앞뒤가 상반되는 내용으로 해석된다. 이때는 역접으로 이어주는 것이 맞다. 또한 이 문장은 주어가 누락되어 있어 정확한 의미를 파악하기도 어렵다. 도대체 누가 기존 업무 방식을 고수한다는 뜻일까? '따른'을 역접의 의미를 가진 '~지만'으로 고치고, 사라진 주어를 찾아서 문장을 바로잡는다.

ABC 스마트영업 시스템 사용 모니터링 계획안

□ **현황**

    ○ ABC 스마트영업 시스템이 도입되었지만, 50대 이상의 직원들은 기존 업무 방식을 고수하거나 업무 환경 변화 적응에 어려움을 겪고 있음

한 문장에는 한 개의 의미만 담아 간결하게 쓰는 것이 가장 좋다. 이런 문장을 홑문장(단문)이라고 한다. 하지만 전문가가 아닌 이상 쉽지 않은 일이다. 어쩔 수 없이 문장을 연결해서 써야 한다. 이때 생각의 흐름대로 쓰지 말고, 앞뒤 연결성을 살펴서 제대로 된 연결 조사나 어미를 쓰자. 앞뒤가 맞지 않는 문장은 앞뒤가 다른 사람처럼 상대방에게 신뢰를 주지 못하기 때문이다.

문장 기술 06

수식어와 피수식어의
모호성을 제거한다

———————————————— 수식어와 피수식어의 관계를 명확하게 하는
세 가지 방법

수식어(꾸며주는 말)와 피수식어(꾸밈을 받는 말)가 제대로 연결되지 않아서 의미가 모호하거나 명확하지 않은 문장들이 있다.

'현재 정부의 입장은'이라는 문장을 마주하게 되면, 이것이 '현 정부의 입장일까?' 아니면 '정부의 현재 입장일까?'라는 해석의 중의성이 끼어든다. 쓴 사람이야 당연히 알고 썼겠지만, 수요자 입장에서는 여간 당혹스러운 것이 아니다.

관련해서 예능 프로그램 〈사장님 귀는 당나귀 귀〉에 출연했던 김병현(전직 야구선수) 씨는 연말 〈KBS 연예대상〉 수상 소감에서 재미있는 실수를 한 적이 있다.

"제가 많이 부족한 〈사장님 귀는 당나귀 귀〉를 하면서… (생략)"

어딘지 좀 이상하지 않은가? 단순 말실수라고 치부할 수 있지만, 듣는 사람에 따라 '어떻게 자신이 상을 받을 수 있게 한 프로그램이 부족하다고 말할 수 있지?'라고 해석할 수 있다. 수식 관계를 바로잡아 다음과 같이 명확하게 말해야 한다.

"많이 부족한 제가 〈사장님 귀는 당나귀 귀〉를 하면서… (생략)"

이런 실수는 보고서에서도 많이 발견되며, 크게 세 가지 유형이 있다.

1) 수식어의 위치를 잘못 쓰는 경우

2) 수식어의 위치에 따라 해석이 달라지는 경우

3) 수식어가 명확하지 않아 해석하기 어려운 경우

1. 수식어의 위치를 잘못 쓰는 경우

첫 번째는 수식어의 위치를 잘못 잡는 실수다. 예를 들어, 다음과 같이 쓰는 경우다.

- <u>온통</u> 방 안이 연기로 가득 찼다.

위와 같이 쓰면 '온통'이 '방 안'을 꾸며주는 형태가 되어 의미가 명확하게 전달되지 않는다. '온통'이 꾸며주는 '가득 찼다'와 가깝게 써야 명확한 문장이 된다.

- 방 안이 <u>온통</u> 연기로 가득 찼다.

또는 다음 표현이 좀 더 명확하다고 생각한다.

- 방 안이 연기로 <u>온통</u> 가득 찼다.

이와 같은 실수는 실제 보고서에서도 많이 발견된다.

□ **현지 방문 조사 교육 계획안**
   ○ 신입·전입 직원을 위한 <u>조기</u> 부서 업무 적응도 향상

앞의 두 번째 문장을 보면 '조기'라는 수식어가 '부서' 앞에 붙어 '일찍 부서'나 '조기 잡는 부서(?)'의 의미로 전달될 수 있다. '조기'는 '적응'을 수식하는 말이기에 위치를 변경해서 명확한 문장으로 고쳐 써야 한다.

□ **현지 방문 조사 교육 계획안**
  ○ 신입·전입 직원을 위한 부서 업무 <u>조기</u> 적응도 향상

다음 보고서에서도 비슷한 실수가 발견된다.

□ **추진 과제**
  ○ <u>행복한 주민들의 주거 생활을</u> 위해 206동과 207동 사이에 공원을 조성하고, 매월 말일에 북콘서트, 플리마켓, 행복 장터 등의 이벤트를 진행함

'행복한 주민들의 주거 생활'이라고 쓰면 이미 행복한 주민들이라는 뜻으로 전달될 수 있으므로, '주민들의 행복한 주거 생활'이라고 쓰는 것이 좋다.

□ **추진 과제**
  ○ <u>주민들의 행복한 주거 생활을</u> 위해 206동과 207동 사이에 공원을 조성하고, 매월 말일에 북콘서트, 플리마켓, 행복 장터 등의 이벤트를 진행함

특히, 숫자 수식어를 쓰는 경우에는 그 위치에 주의해야 한다.

> • 도로교통공단은 <u>21일</u> 폭우로 붕괴되었던 도로를 복구하고 차량통행을 재개했다.

위 문장과 같이 쓰면, '도로가 21일에 폭우로 붕괴되었다'는 의미가 전달되므로, 21일을 정확한 위치에 써서 의미를 명확하게 해야 한다.

> • 도로교통공단은 폭우로 붕괴되었던 도로를 복구하고 <u>21일</u> 차량통행을 재개했다.

다음 문장도 같은 원리로 고쳐본다.

<u>2년간</u> A 계열사와 협업하며 노사 발전 위원회를 운영했음
→ A 계열사와 협업하며 노사 발전 위원회를 <u>2년간</u> 운영했음

2. 수식어의 위치에 따라 해석이 달라지는 경우

두 번째는 수식어의 위치에 따라 뜻이 달라지는 실수다.

• 그녀의 아름다운 웨딩드레스 VS 아름다운 그녀의 웨딩드레스

위 문장에서 '아름다운'이라는 수식어 위치에 따라 뜻이 달라짐을 알 수 있다. 첫 번째 문장은 웨딩드레스가 아름답다는 의미가, 두 번째 문장은 그녀가 아름답다는 의미가 전해진다. 내가 전하고자 하는 의미에 맞게 수식어 위치를 조정하는 것이 좋다. 혹시 결혼을 앞둔 신부를 칭찬하는 신랑이라면, 고민할 것도 없이 두 번째 문장을 사용해야 한다. 수식어 위치 하나 잘못 잡아서 결혼식

장에 들어가지 못하는 불상사(?)가 벌어지지 말라는 법도 없다.

다음 보고서 문장에서도 비슷한 실수가 발견된다.

> □ **문제점**
>   ○ <u>기존</u> 정부의 주장과 달리 보험 적용 대상 확대로 건강보험 재정 추가
>   부담 발생

기존 정부의 주장이라고 쓰면 이전 정부, 과거 정부라는 의미가 전달되므로 다음과 같이 고쳐 쓰는 것이 명확한 표현이라고 생각한다.

> □ **문제점**
>   ○ 정부의 <u>기존</u> 주장과 달리 보험 적용 대상 확대로 건강보험 재정 추가
>   부담 발생

다음 보고서 내용에서도 비슷한 실수가 발견된다.

> □ **취재 현황**
>   ○ 탐사팀은 2년간의 추적 끝에 <u>부산에서</u> 실종된 남자를 발견했음

위와 같이 쓰면 수식어 '부산에서'가 '실종된 남자'를 수식하거나 '발견했음'을 이중 수식하는 구조가 된다. 해석하기에 따라 '부산에서 실종된 남자인지', 실종된 남자를 '부산에서 발견했다'는 것인지 그 의미가 달라질 수 있다. 다음과 같이 명확하게 고쳐 쓰는 것이 좋다.

□ **취재 현황**

　○ 탐사팀은 2년간의 추적 끝에 실종된 남자를 부산에서 발견했음

□ **취재 현황**

　○ 부산에서 실종된 남자를 탐사팀이 2년간 추적 끝에 발견했음

3. 수식어가 명확하지 않아 해석하기 어려운 경우

세 번째는 수식어의 의미가 명확하지 않아 해석이 달라지는 경우다.

예를 들어, '청소년 범죄'라고 하면 대부분 '청소년에 의해 발생한 범죄'라는 뜻으로 통용된다. 하지만 청자의 시각, 사회 이슈에 따라 '청소년을 대상으로 한 범죄'라는 뜻으로도 해석이 가능하다. 중의적인 해석이 가능한 표현은 피하는 것이 좋다. 다음 보고서에서 이런 실수가 발견된다.

□ **○○사건 조사 결과**

　○ 현장 사진을 검토해본 결과, ○○사 제품임을 확인할 수 있음

단순히 '현장 사진'이라고만 쓰면 해석에 따라 '현장에서 찍은 사진인지' 혹은 '현장을 찍은 사진인지' 뜻이 달라질 수 있다.

□ **○○사건 조사 결과**

　○ 현장을 찍은 사진을 검토해본 결과, ○○사 제품임을 확인할 수 있음

□ ○○사건 조사 결과

　○ 현장에 있던 사진을 검토해본 결과, ○○사 제품임을 확인할 수 있음

다음 문장에도 비슷한 오류가 발견된다.

□ 판매현황

　○ 2020년 3월에 출간된 스티브 잡스 책이 프레젠테이션 분야에서 10
　　주 연속 베스트셀러 1위를 기록하고 있음

위와 같이 쓰면 스티브 잡스에 대한 책인지, 스티브 잡스가 쓴 책인지 그 의미가 불분명하다. 다음과 같이 고쳐 쓰는 것이 좋다.

□ 판매현황

　○ 2020년 3월에 출간된 스티브 잡스가 쓴 책이 프레젠테이션 분야에서
　　10주 연속 베스트셀러 1위를 기록하고 있음

□ 판매현황

　○ 2020년 3월에 출간된 스티브 잡스 관련 책이 프레젠테이션 분야에서
　　10주 연속 베스트셀러 1위를 기록하고 있음

'동상이몽'이란 한 가지 사안을 두고 다르게 해석한다는 의미로도 사용되는 사자성어다. 긍정적인 의미로 해석하면 다양성을 강조하는 의미로 받아들일 수 있겠지만, 그 다양성이 끼어들어서는 안 되는 곳이 바로 보고서의 세계다. 내가

A라고 썼으면 정확하게 A라고 전달되어야지, A′나 B로 '이몽'해서는 안 된다. 내가 아무렇지 않게 쓴 수식어 앞에 상대방은 '이몽'하며 당황할 수 있으니, 정확한 수식어 사용으로 '일몽'할 수 있도록 하자.

보고서에서 수치는
신뢰를 준다

보고서에서 '수치'는
추앙해야 마땅하다

가끔 딸아이가 부탁한 아이스크림 심부름을 할 때가 있다. 주차 단속이 심한 상가 앞에 주차하고, 5분 안에 아이스크림 주문, 계산, 픽업까지 완료해야 한다. 노상에 차를 세워 놓고 급하게 뛰어 들어가 점원에게 묻는다.

"얼마나 걸려요?"

"금방 나와요."

여기서 '금방'은 도대체 얼마일까? 이 말을 들을 때마다 매번 고민에 빠진다. 도무지 시간을 가늠할 수 없기 때문이다. 소심한 성격에 물어보지도 못하고, 명확한 시간이 아닌 애매모호한 말 앞에 당혹스러움을 금치 못한다.

어느 날 친구와 약속을 하고 먼저 약속 장소에 도착했다. 약속 시간이 지나도 친구는 모습을 드러내지 않는다. 급한 성미에 메신저로 연락했다.

"언제 도착해?"

"곧 도착해."

여기서 '곧'은 도대체 몇 분을 이야기하는 걸까? '곧'이 5분 이내면 그냥 멍하니 기다려도 괜찮고, 10분 이상이라면 책이라도 좀 볼 텐데. 명확한 판단이 서지 않는다. '꼭 저렇게까지 따져야 되나, 너무 빡빡한 거 아니야?'라고 반문할 수 있다. 물론 살면서 '금방'이라고 말할 수도 있고, '곧'이라고 말할 수도 있다. 평소 살아가는 데는 전혀 문제가 없다.

하지만 보고서에서는 이런 '무책임'한 말을 써서는 안 된다. '무책임'이라는 다소 격한 표현을 쓴 것은 상대방의 이해 여부와 무관하게 오롯이 내 주관에 의지해서 쓴 모호한 표현을 비판하기 위함이다. 해석의 책임을 내가 지지 않고 상대방에게 떠넘기는 안일한 태도에 대한 경각심에서 '무책임'이라는 단어를 사용했다.

상대방 입장을 고려해 좀 더 명확한 수치로 고쳐야 한다. 물론 수치를 제시하기 위해서는 나름의 노력이 필요하다. '금방 나온다'는 말을 '3분 안에'로 바꾸기 위해서는 머릿속에서 빠르게 업무 프로세스를 돌려보고 시간을 계산해야 한다. '곧 도착해'도 '10분 후에 도착해'로 바꾸기 위해서는 속도를 기준으로 남은 거리(시간=거리/속도)를 계산해 추론해야 한다.

보고서도 마찬가지다. 애매모호한 표현을 수치로 고쳐 쓰기 위해서는 나름의 고민과 노력이 필요하다. 하지만 내가 고민한 시간과 노력만큼 상대방이 내 보고서를 읽을 때 좀 더 쉽고 명확하게 이해할 수 있다.

그럼 본격적으로 보고서에 나타난 애매한 표현을 살펴보자.

> ◻ 현재처럼 시장이 <u>아주</u> 불안정한 상황에서 다른 파트너를 찾으려면 시간
> 이 <u>많이</u> 걸리고 디자인 완성까지 시간이 오래 걸리기 때문에 기존 업체
> 와의 전략적인 제휴에 <u>가능한 한</u> 최선을 다하는 것이 낫다.

개략적인 의미를 파악하는 데 어려움은 없지만, 해석하기 모호한 '아주', '많이', '오래', '가능한 한' 등의 표현은 제거하거나 수치로 바꿔 쓰는 것이 좋다.

> ◻ 현재처럼 시장이 불안정한 상황에서 다른 파트너를 찾으려면 <u>5일 이상</u>
> 시간이 추가 발생하고, 디자인 완성까지 <u>20% 이상</u> 시간이 증가하기 때
> 문에 기존 업체와의 전략적인 제휴에 최선을 다하는 것이 낫다.

애매모호한 수식어를 제외하거나 수치로 바꿔 쓰기만 해도 문장의 의미가 명확해지고, 구체성이 더해지면서 문장에 힘이 생긴다.

이때 주의해야 할 사항이 있다. 수치를 쓴다고 무조건 능사가 아니라는 점이다. 수치로 표현해도 모호한 부분은 명확하게 써야 한다. 우선 다음 문장을 살펴보자.

> ◻ 역량 교육은 4회 과정으로 진행되며, 수강료는 <u>10만 원</u>임

이 문장을 보면 적절한 수치 표현이 사용되었다. 하지만 회당 수강료가 10만 원인지, 총 수강료가 10만 원인지 그 의미가 명확하지 않다. 다음과 같이 고쳐 쓰는 것이 좋다.

☐ 역량 교육은 4회 과정으로 진행되며, 수강료는 총 10만 원임

☐ 역량 교육은 4회 과정으로 진행되며, 수강료는 회당 10만 원임

보고서에서도 비슷한 실수가 종종 발견된다. 다음은 어느 기관에서 작성한 사내 자산관리 방안 보고서 내용의 일부분이다.

☐ 컴퓨터를 습도가 60% 이상인 곳에 3시간 이상 방치하면 고장 날 수 있음
☐ 특히 6~7월 장마철에는 컴퓨터를 사용하지 않더라도 15분 정도 컴퓨터를 켜서 습기가 차지 않도록 관리해야 함

첫 번째 문장에서 '3시간'이 하루 3시간인지, 일주일에 3시간인지 그 의미가 명확하게 전달되지 않는다. 두 번째 문장도 마찬가지다. 컴퓨터를 얼마나 자주 켜야 하는지 15분의 의미가 명확하게 전달되지 않는다. 다음과 같이 고쳐 써보자.

☐ 컴퓨터를 습도가 60% 이상인 곳에 3시간/일 이상 방치하면 고장 날 수 있음
☐ 특히 6~7월 장마철에는 컴퓨터를 사용하지 않더라도 하루 15분 정도 컴퓨터를 켜서 습기가 차지 않도록 관리해야 함

보고서 고수들은 수치를 사용할 때 한 가지 기술을 더한다. 아는 사람들만

안다는 수치 사용의 고급 기술, 일명 '치환'의 기술이다. 치환은 수치를 좀 더 쉽고 의미 있게 전달하기 위해 다른 수치로 바꿔주는 기술로, 이를 잘 활용한 인물이 스티브 잡스다. 그는 예전 아이팟 신제품 출시회에서 "아이팟은 기존 MP3 플레이어와 다르게 저장 용량이 5GB로 매우 큽니다."라고 말하는 대신 이런 표현을 써서 대중들에게 강력한 인상을 남겼다.

"당신의 주머니 속에 1,000곡의 노래"

전문가나 관계자들만 알 수 있는 5GB라는 표현을, 대중들에게 좀 더 친숙한 1,000곡이라는 수치로 바꿔 쓴 표현이 돋보인다.

미국에 스티브 잡스가 있다면, 한국에는 요식업의 대가 백종원 대표가 있다. 백종원 대표는 요리와 사업도 잘하지만, 어렵고 복잡한 이야기를 명확하고 쉽게 설명하는 데도 능한 사람이다. 이런 그도 치환의 기술을 잘 활용하는데, 어느 방송국 요리 프로그램에서 라면 물 양 조절법을 이렇게 설명한 적이 있다.

"여러분, 라면 봉지에 보면 물 500ml를 넣으라고 되어 있쥬? 근데 500ml를
누가 알아유? 이렇게 하시면 됩니다. 종이컵 3컵입니다. 어때유? 참 쉽쥬?"

500ml라는 어려운 수치를 종이컵 3컵이라는 쉽고 익숙한 수치로 치환해서 설명하고 있다. 듣는 사람 입장에서 훨씬 명확하게 느껴진다.

가끔 인터넷이나 신문 기사를 보면 답답할 때가 있다. 예를 들어 이런 표현이 발견될 때다.

- 영천 산불 임야 <u>1헥타르</u> 태우고, 5시간 만에 진화

수치 표현이 명확하다고 생각할 수도 있지만, 기사를 읽는 사람들 중에 1헥타르를 아는 사람이 얼마나 될까? 익숙한 단위계인 10,000m²이라고 할 수도 있지만 얼마나 큰 크기인지 번뜩 떠오르진 않는다. 다음과 같이 숫자를 치환해서 써보면 어떨까?

- 영천 산불 <u>축구장 1.4개 크기*</u> 임야 태우고, 5시간 만에 진화

애매모호한 수식어 뒤로 숨어서 상대방에게 모호함을 남기는 습관은 보고서의 힘을 떨어뜨리고 결국 설득력을 약화한다. 수치로 써야 구체적이고 명확하다는 점을 기억하자! 글이든, 말이든 언제나 수치가 옳다. 어느 드라마의 명대사를 응용해서 마무리한다.

'보고서에서는 애매모호한 표현은 버리고, 수치를 추앙하자.'

---

* 축구장 1개의 크기는 평균 0.7헥타르이다. 여의도의 정확한 크기가 섬 전체인지 기준은 분분하지만, 언론사에서 사용하는 여의도의 크기는 약 300(290)헥타르이다. 나중에 보고서나 뉴스 기사를 확인할 때 참고해보자.

문장 기술 08

'및' 대신 '와(과)'를 써야
의미가 명확하다

———————————————————— '및'이 아니라 '와(과)'의 차이가
만드는 의미

예전에 어느 기관에서 올린 공고문이 논란이 된 적이 있다.

- 아버지 및 어머니가 없는 청소년에게 장학금 1억 원을 지급한다.

위 문장은 '및'을 어떻게 해석하는가에 따라 의미가 다르게 전달될 수 있다. 먼저, '및'을 '와'로 해석하면 아버지, 어머니가 모두 없는 경우에 장학금을 지급해야 한다는 뜻이 된다.

- 아버지와 어머니가 없는 청소년에게 장학금 1억 원을 지급한다.

반면, '및'을 '또는'으로 해석하면 둘 중에 한 명만 없어도 장학금을 지급해야 한다는 뜻이 된다.

- 아버지 또는 어머니가 없는 청소년에게 장학금 1억 원을 지급한다.

공고문을 올린 담당자의 의도를 알 수는 없지만, 아마도 전자의 의미로 쓴 문장이 아닌가 싶다. 그렇다면 '및' 대신 '와(과)'를 써서 표현하는 것이 맞다고 생각한다.

표준국어대사전, 국립국어원 해석 기준에서 '및'에는 '또는'이라는 의미가 없고, 오히려 열거하는 두 가지를 모두 포함하는 의미로 규정되기 때문에 '및' 과 '와(과)'는 동일하다고 볼 수 있다. 하지만 '및'을 '또는'으로 해석하는 수요자 들이 종종 있고, 이 때문에 '및'과 '와(과)'를 구분해서 사용하는 것을 권장하는 것이다. 이에 여러 가지 의미로 해석되는 '및'보다는 명확한 의미를 전하는 '와 (과)'로 고쳐 쓰는 것이 좋다.

보고서에는 수많은 '및'이 등장한다. 하지만 대부분은 '와(과)'를 써야 할 곳 에 잘못 쓰는 경우가 많다.

- 환경에 대한 올바른 생각을 <u>학교 및 가정</u>에 정착시켜야 함

환경에 대한 올바른 생각을 '학교'와 '가정' 둘 중 한 곳에만 정착시키는 것이 아니라면, '및' 대신 '와'를 쓰는 것이 맞다.

- 환경에 대한 올바른 생각을 <u>학교와 가정</u>에 정착시켜야 함

다음 문장도 마찬가지다.

- <u>합리적 가격 설정 및 서비스 정책 개선</u>으로 고객 만족도 제고

고객 만족도를 제고하기 위해 둘 중 하나만 하지는 않을 것이다. 그렇다면,

'및' 대신 '와(과)'를 써야 한다.

> • 합리적 가격 설정과 서비스 정책 개선으로 고객 만족도 제고

'및'은 '또는'이라는 뜻과 함께 '그 밖에'라는 의미도 있다. A와 B를 연결할 때 'A 및 B'라고 쓰면, 'A가 우선이고 B는 부수적'이라는 의미가 전달된다.

> • 강사 역량 개발에 필요한 컴퓨터 활용 능력 및 강의 스킬 교육을 지원함

위 문장과 같이 쓰면, 강사 역량 개발에 필요한 '컴퓨터 활용 능력'을 우선 지원하고, '강의 스킬 교육 지원'은 부수적이라는 의미가 전달된다. A와 B를 연결할 때, 동일한 수준이나 대등한 관계를 의미하면 '및' 대신 '와(과)'를 쓰는 것이 좋다.

> • 강사 역량 개발에 필요한 컴퓨터 활용 능력과 강의 스킬 교육을 지원함

다음 보고서 내용도 확인해보자. A와 B를 병렬로 연결하지만 모두 '및'을 사용했다.

> □ 중점 매장 활동 방향
>   ○ 재고 관리: 전략 제품 충분 물량 확보 및 설정 발주 가격 상향 조정
>   ○ 중점 매장: 작업자 대상 키워드 위주 제품안내 강화 및 관계 형성 지원

'또는'이나 '그 밖에'의 의미로 쓴 것이 아니라면, 모두 '와(과)'로 고쳐 쓰는 것이 좋다.

> □ 중점 매장 활동 방향
>   O 재고 관리: 전략 제품 충분 물량 확보와 설정 발주 가격 상향 조정
>   O 중점 매장: 작업자 대상 키워드 위주 제품안내 강화와 관계 형성 지원

이렇게 정리하고 보면 '및'이라는 단어가 보고서에 끼어들 여지가 많지 않아 보인다. 보고서에서 A, B를 병렬로 연결할 때 대부분 A, B 모두를 포함하거나, A, B의 가치가 비슷한 경우가 많다. 습관적으로 '및'을 사용한다면 '와(과)'로 고쳐보고 판단하는 것이 좋다.

동일 프로모션을 서울 및 부산에서 진행함
→ 동일 프로모션을 서울과 부산에서 진행함

둘 중 하나를 선택하는 경우라도 '및' 보다 좀 더 의미가 분명한 '또는' 이라는 단어로 고쳐 써서 그 의미를 명확하게 하는 것이 좋다.

동일 프로모션을 서울 및 부산에서 진행함
→ 동일 프로모션을 서울 또는 부산에서 진행함

사람이 습관을 바꾸는 것이 어려운 것처럼 문장 표현에 습관처럼 쓰던 '및'을 버리는 것이 생각보다 쉽지는 않다. '및' 대신 '와(과)'를 쓰는 것이 어색하게 느껴질 수도 있다. 하지만 다 된 밥에 코 빠뜨린다는 말처럼 단 한 글자로 상대방에게 불분명한 의미를 전하는 보고서가 될 수도 있다는 경각심을 가지고, 의식적으로 고쳐 쓰려는 노력이 필요하다.

'에게 vs 에'처럼 미묘한 차이를 주목하라

———————————— '님'이라는 글자에 점 하나만 찍으면
'남'이 된다

예전 유행했던 트로트 중에 '도로남'이라는 노래가 있다. 그 가사가 재미있기에 한 소절 읊어본다.

님이라는 글자에 점 하나만 찍으면
도로남이 되는 장난 같은 인생사
가슴 아픈 사연에 울고 웃는 사람도
복에 겨워 웃는 사람도
점 하나에 울고 웃는다

점 하나에 '님'이 '남'이 되는 일이 벌어지는 곳이 어디 인생뿐일까? 보고서의 점 하나에 의미가 달라지고, 점 하나 때문에 울고 웃는 경우가 생긴다.

이번에는 보고서에 자주 등장하지만 쓸 때마다 헷갈리고 고민되는, 같은 듯다른 단어의 미묘한 차이를 알아보고자 한다.

1. 에게 vs 에

먼저 대상을 지칭하는 '에게'와 '에'는 쓸 때마다 헷갈려서 보고서에 자주 등장하는 실수 중 하나다. 그 차이와 정확한 쓰임을 다음과 같이 정리했다.

구분	에게	에
사용	사람이나 동물을 나타내는 단어에 사용	'에게' 이외에 것에 사용
예시	고객에게, 원숭이에게	콘서트장에, 사무실에

쓰임 차이가 명확한 만큼 한 번만 외워두면 보고서에서 '에게'와 '에' 때문에 실수할 일은 없다고 본다.

본 심의 내용은 이사회에게 보고해야 한다.
→ 본 심의 내용은 이사회에 보고해야 한다.

불만 고객이 A 기업에게 소비자 권리를 주장했다.
→ 불만 고객이 A 기업에 소비자 권리를 주장했다.

최근 20-30대 여성들은 강아지에 많은 관심을 보인다.
→ 최근 20-30대 여성들은 강아지에게 많은 관심을 보인다.

2. 로써 vs 로서

다음은 수단이나 자격을 나타낼 때 쓰는 '로써'와 '로서'를 구분하지 못하는 경우다. 우선 그 쓰임을 다음과 같이 정리했다.

구분	로써	로서
사용	일의 수단이나 도구를 나타내는 조사	자격, 지위를 나타내는 조사
예시	기초로써, 지지대로써	이사회 의장으로서, 리더로서

팀장은 팀의 리더로써 팀을 이끌어야 한다.

→ 팀장은 팀의 리더로서 팀을 이끌어야 한다.

○○일보는 여성 문제에 진보적인 언론으로써 인식되어 왔다.

→ ○○일보는 여성 문제에 진보적인 언론으로서 인식되어 왔다.

아시아 여러 국가는 경제개발 계획으로서 경제 발전의 초석을 놓았다.

→ 아시아 여러 국가는 경제개발 계획으로써 경제 발전의 초석을 놓았다.

가끔 '로서'가 맞는지 '로써'가 맞는지 헷갈리는 경우가 있다. 이때는 그 자리에 '~를 써서', '~를 이용해서'라는 말을 대입해보고 말이 통하면 '로써'를 쓰면 된다. 통하지 않는 경우 '로서'를 쓰면 된다. 다음 문장이 대표적인 경우다.

- 이 물질은 촉매로서/촉매로써 실험에 활용된다.

위 문장에서 '촉매를 써서', '촉매를 이용해서'를 넣어서 해석해보면 문장이 이상해진다. 촉매는 자격이 되는 물질이므로 자격을 나타내는 '로서'를 사용하는 것이 맞다.

사소한 맞춤법 실수로 치부할 수도 있지만, 보는 사람에 따라 그 의미가 확연하게 달라질 수 있으니 주의가 필요하다. 다음 보고서에서도 '로서'와 '로써'를 구분하지 못해 상대방에게 잘못된 의미를 전하는 실수가 발생했다.

□ 추진배경

　　○ 사교육 혁신의 <u>선도모델로써</u> 사립고 역할 강화, 학교 자율성 확대 등
　　　 사립 고등학교의 교육 역량을 강화하는 데 그 목적이 있음

　사교육 혁신의 선도모델은 자격이나 지위를 나타내는 의미로 '로써'가 아닌 '로서'를 써야 한다. '선도모델을 이용해서'라고 해석해봐도 그 의미가 통하지 않는다. 다음과 같이 고쳐 쓰는 것이 좋다.

□ 추진배경

　　○ 사교육 혁신의 <u>선도모델로서</u> 사립고 역할 강화, 학교 자율성 확대 등
　　　 사립 고등학교의 교육 역량을 강화하는 데 그 목적이 있음

3. 율 vs 률

　명사 뒤에 써서 비율이나 법칙이라는 의미를 더하는 접미사 '율'과 '률'은 쓸 때마다 어떤 것을 써야 할지 고민해본 경험이 있을 것이다. 교환율이 맞을까? 교환률이 맞을까? 다음과 같이 그 쓰임과 차이를 정리해두니, 참고하기 바란다.

구분	율	률
사용	앞말의 끝음절이 모음으로 끝나거나 'ㄴ' 받침으로 끝나는 경우	앞말의 끝음절이 'ㄴ'이 아닌 다른 받침으로 끝나는 경우
예시	증가율, 비율, 반사율, 백분율, 교환율	출석률, 결합률, 능률, 승률, 희석률

이렇게 차이를 알고 나면 다음과 같은 실수는 하지 않을 것이다.

2023년 프로야구는 팀 간 경쟁이 치열하여 경기 중계 시청율이 잘 나올 것이라 기대해본다.

→ 2023년 프로야구는 팀 간 경쟁이 치열하여 경기 중계 시청률이 잘 나올 것이라 기대해본다.

4. 량 vs 양

‘률(율)’과 비슷한 원리로 ‘량’과 ‘양’도 명확하게 그 쓰임을 알고 써야 한다. ‘량’과 ‘양’은 모두 세거나 잴 수 있는 분량이나 수량을 나타낼 때 쓰는 말이지만, 앞에 어떤 단어가 오는가에 따라 쓰임이 달라진다.

구분	량	양
사용	한자어＋량	외래어, 고유어＋양
예시	강수량, 교통량, 열량, 가사량, 노동량, 적설량	나트륨양, 빨래양, 기름양, 구름양, 커피양

쉽게 말해 한자어에 결합할 때는 ‘량’이라고 쓰고, 이를 제외하면 모두 ‘양’이라고 쓰는 것이다. 위와 같은 원리에 따라 다음 문장을 고쳐 써본다.

신제품 개발 프로젝트 작업양이 많아, TFT 구성원의 업무 부담이 증가됨
→ 신제품 개발 프로젝트 작업량이 많아, TFT 구성원의 업무 부담이 증가됨

5. 외 vs 등

마지막으로 '외'와 '등' 그리고 '이전'과 '전'의 차이를 간단하게 확인해보자.

손흥민 외 10명: '외'는 손흥민을 제외한 숫자이다.

→ 총 11명이라는 뜻

손흥민 등 10명: '등'은 10명에 손흥민이 포함된 숫자이다.

→ 총 10명이라는 뜻

6. 이전 vs 전

'이전'은 표시된 일자를 포함한다.

→ 23일 이전까지 제출 요망(23일까지 제출하면 됨)

'전'은 표시된 일자를 포함하지 않는다.

→ 23일 전까지 제출 요망(22일까지 제출해야 함)

앞서 언급한 트로트 노래 가사처럼 '점' 하나에 울고 웃는 일이 벌어지는 곳이 보고서의 세계라고 생각한다. 단어 하나 차이에 반려와 승인 사이를 왔다 갔다 하기도 한다. 앞에서 정리한 여러 표현들을 잘 익혀서 점 하나 때문에 우는 일보다 웃는 일이 더 많아지길 바란다.

MEMO

문장을 명확하게 바꿔주는 아홉 가지 기술

1 '이 정도는 알겠지?' 하는 지식의 저주에 빠지면 보고서가 무너진다. 문장을 최대한 구체적으로 명확하게 쓰자.

2 주어가 바로 서야 문장이 바로 서고, 문장이 바로 서야 전달하고자 하는 의미가 명확하게 전달된다.

3 문장의 술어를 명확하게, 단호하게, 일관성 있게 써서 문장의 의미를 명확하게 하자.

4 주어와 술어, 목적어와 술어 등 문장 성분 간에 서로 호응하게 써야 문장이 자연스럽고 명확해진다.

5 생각나는 대로 쓰지 말고, 앞뒤 맥락을 고려해서 자연스럽게 연결되는 문장을 쓰자.

6 명확한 수식어 사용, 정확한 수식어 배치로 문장 해석의 모호함을 제거하자.

7 수치를 적절하게 사용해서 보고서의 신뢰를 높이고 설득력을 확보하자.

8 '및'을 남발하지 말자. '및' 대신 '와(과)'를 넣어야 하는 자리가 있다.

9 미묘한 차이를 가진 단어도 명확하게 사용하자.

CHAPTER 02

간결하게

완벽하다는 것은
무엇 하나 덧붙일 것이 없는
상태를 말한다.

하나의 문장에는
하나의 생각을 담아
두 줄 이하로 쓴다

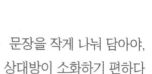

———————————— 문장을 작게 나눠 담아야,
상대방이 소화하기 편하다

뷔페에서 하지 말아야 할 행동 두 가지가 있다고 한다. 첫째, 가기 전에 쫄쫄 굶고 가는 것이다. 위가 줄어들어 생각보다 많이 먹기 힘들다고 한다. 둘째, 다채로운 음식에 현혹되어 한 접시에 음식을 많이 담지 않는다. 이런 저런 음식이 섞여 맛도 떨어지고, 무엇보다 갑자기 많이 먹게 되면 포만감이 금방 온다는 것이다. 적은 양의 음식을 여러 번 나눠서 다채롭게 먹는 것이 뷔페를 제대로 즐기는 비결이라고 한다.

보고서 문장도 마찬가지다. 한 문장 안에 너무 많은 생각을 집어넣으려다 보면 문장이 길어지고 복잡해진다. 작성자나 수요자 모두 소화하기 어렵고 부담스럽다. 물론 복잡한 생각을 표현하려면 문장을 길게 쓰는 것을 피하기 어렵지만, 긴 문장은 작성자나 수요자 모두에게 좋지 않은 방식이다.

작성자 입장에서는 문법 오류가 많아지고 표현의 정확도가 떨어진다. 수요자 입장에서는 긴 문장을 이해하기 위한 인지적 노력을 기울여야 하고, 이에 따라 스트레스가 동반 상승한다. 다 읽고 나서도 무슨 말인지 이해하기 어렵고,

기억하기는 더 어렵다. 다 읽고 나서 할 수 있는 말은 단 한마디밖에 없다.

"무슨 말인지 모르겠는데?"

한마디로 양측에 좋을 것이 하나 없다. 간결하게 쓰는 것이 좋다. 그렇다면 간결하게 쓰기 위해서는 어떻게 해야 할까? 보통 다음 세 가지 방법을 따른다.

1. 한 문장에는 한 개의 의미만 담는다.
2. 겹문장이 아닌 홑문장으로 쓴다.
3. 두 줄 이하로 쓴다.

사실 1번과 2번 항목은 실행하기 매우 어렵다. 보고서 전문가나 글깨나 쓴다는 작가도 쉽게 할 수 없는 방법이다. 한 문장 안에 한 개 의미만 담기도 쉽지 않고, 한 문장 안에 주어+술어를 한 번만 쓰는 홑문장은 더더욱 어렵다. 보고서에 담아내는 내용이 그리 단순하지 않기 때문이다. 그나마 적용해볼 수 있는 원칙이 3번, 두 줄 이하로 쓰는 방법이다. 문장을 의미 단위로 분리하여 두 문장으로 쓰는 방법이다. 다음 보고서 내용을 살펴보자.

Ⅰ. 배경

☐ 코로나19가 지속되는 상황에서 비만·당뇨 등을 앓는 청소년 환자가 급증하고 청소년 비만은 성인 비만, 정신질환, 만성질환 및 합병증 등으로 연계되어 청소년 비만 감소를 위한 대책 마련이 시급함

위 문장을 의미 단위로 분리하면 다음과 같이 두 문장으로 나눠 쓰는 것이 가능하다. 모두 두 줄 이하의 문장으로 읽기도 편하고 내용 파악도 쉽다.

> **Ⅰ. 배경**
>
> ☐ 코로나19가 지속되는 상황에서 비만·당뇨 등을 앓는 청소년 환자가 급
>   증하고 있음
> ☐ 청소년 비만은 성인 비만, 정신질환, 만성질환, 합병증 등으로 연계될 위
>   험이 있어 청소년 비만 감소를 위한 대책 마련이 시급함

다음 글도 마찬가지다. 네 줄 이상으로 문장이 길어지면서 내용 파악이 어렵고, 문장을 다 읽고 나서도 이해하기 어렵다.

> **Ⅰ. 배경**
>
> ☐ 직장에서 여성들의 역할이 점점 확대되어가고 있으나 기혼여성은 가정
>   과 일 두 마리의 토끼를 모두 잡기가 쉽지 않아서, 미혼여성보다 기혼여
>   성의 퇴사율이 2배 높고 경력이 많은 여성들의 부재로 직장 내 업무 분
>   담에 큰 어려움이 많아, 이에 대한 대책이 필요함

의미 단위로 문장을 분리해서 두 문장으로 나눠 쓴다. 의미도 명확해지고, 상대방이 기억하기에도 훨씬 편한 문장이 된다.

> **Ⅰ. 배경**
>
> ☐ 직장에서 여성들의 역할이 점점 확대되어가고 있지만, 기혼여성의 경우
>   일과 가정의 양립이 어려워 미혼여성 대비 퇴사율이 2배 높음
> ☐ 경력이 많은 기혼 여성들의 높은 퇴사율로 직장 내 업무 부담이 가중되
>   어 대책 마련이 필요함

이때 두 문장 간의 연결성이 떨어진다 싶으면, 연결어나 접속사를 활용할 것을 추천한다.

Ⅰ. 배경

- ☐ 직장에서 여성들의 역할이 점점 확대되어가고 있지만, 기혼여성의 경우 일과 가정의 양립이 어려워 미혼여성 대비 퇴사율이 2배 높음
- ☐ 특히 경력이 많은 기혼 여성들의 높은 퇴사율로 직장 내 업무 부담이 가중되어 대책 마련이 필요함

일명 '브리징 스킬'로 분리한 문장과 문장의 연결성을 확보하는 방법이다. 이렇게 쓰면 마치 말하듯이 자연스럽게 연결되는 보고서를 쓸 수 있다.

두 줄 이하의 문장을 쓸 때 주의해야 할 점이 한 가지 있다. 보고서를 쓰다 보면 아쉽게 남는 몇 단어 때문에 이를 두 줄 안에 집어넣고자 임의로 자간이나 장평을 조정해서 쓰는 경우가 있다. 하지만 이는 좋은 방식이 아니다.

---

1) 사내 소통채널 운영

- ☐ 회사 발전을 위한 건의사항은 물론 인사고충까지 상시 청취가 가능하도록 업무 포털 내 게시판을 운영하여, 익명으로 자유롭게 의견을 올릴 수 있도록 함

위 글에서 맨 밑줄 네 글자 '있도록 함' 때문에 세 줄이 된 듯하여, 아쉬운 마음에 자간이나 장평을 조절하고자 하는 유혹에 빠진다.

1) 사내 소통채널 운영

☐ 회사 발전을 위한 건의사항은 물론 인사고충까지 상시 청취가 가능하도록 업무 포털 내 게시판을 운영하여, 익명으로 자유롭게 의견을 올릴 수 있도록 함

물론 나쁜 방법은 아니라고 생각한다. 하지만 보고서의 전체적인 측면에서 일관성을 고려할 때, 일부 내용만 자간과 장평을 조정하는 것은 좋은 방법이 아니다. 자간과 장평은 보고서 전체에 일관성 있게 적용하거나, 뒤에서 추가로 설명할 간결한 문장 작성법들을 적용해서 세련된 방식으로 줄일 것을 추천한다.

마지막으로, 실제 보고서 작성 실습 과정에서 나온 보고서를 코칭하고 고쳐 쓴 결과를 다음과 같이 소개해본다.

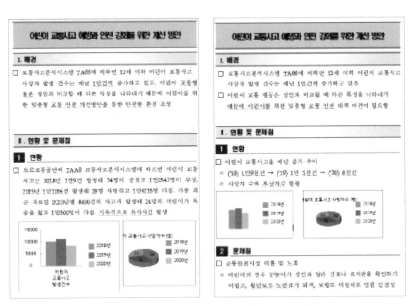

수정하기 전(왼쪽) 보고서와 수정한 후(오른쪽) 보고서

복잡이 철철 넘쳐흐르는 왼쪽의 보고서를 읽고 싶은 사람은 아무도 없다. 같은 내용, 같은 의미라도 두 줄 이하로 간결하게 쓴 오른쪽의 보고서에 더 눈이 간다.

보고서 세계에 절대적인 정답이란 없다. 다만 좀 더 좋은 방식은 있다고 생각한다. 내 문법 오류를 줄이고, 상대방의 인지적 노력을 줄여주면서 의미를 명확하게 전달하기 위해서 장문보다는 간결한 문장이 좋다. 긴 문장을 잘라서, 간결한 문장으로 고쳐 쓰는 습관을 가지자.

문장 기술 11

단어 중복을 피하면
문장이 깔끔해진다

뇌가 지루하지 않게
중복된 단어를 덜어내자

예전 TV 프로그램 안내 방송을 보면 이런 문구가 있었다.

- 이 <u>프로그램</u>은 15세 미만의 청소년이나 어린이가 <u>시청</u>하기에 부적절하므로, 부모의 <u>시청</u> 지도가 필요한 <u>프로그램</u>입니다.

얼핏 보면 자연스러운 문장 같다. 하지만 한 문장 안에 '프로그램'과 '시청'이라는 단어가 중복해서 나오고 있어 문장이 길어졌다. 한쪽에서 중복을 제거하고 간결한 문장으로 수정해서 쓰는 것이 좋다.

- 이 <u>프로그램</u>은 15세 미만의 청소년이나 어린이가 <u>시청</u>하기에 부적절하므로, 부모의 지도가 필요합니다.
- 이 <u>프로그램</u>은 15세 미만의 청소년이나 어린이에게 부적절하므로, 부모의 <u>시청</u> 지도가 필요합니다.

문장 안에서 중복되는 단어 두 개만 제거했을 뿐인데, 문장이 간결해지고 힘이 느껴진다. 다음 보고서에서도 같은 실수가 나타나고 있다.

□ **서비스 개선 방안**

   ○ 우리 청에서는 고객 만족 서비스를 위해 민원 서비스 중 일부를 전자 서비스로 제공하고자 함

한 문장에서 '서비스'라는 단어를 중복해서 사용했다. 불필요한 단어라고 판단된다면 다음과 같이 고쳐본다.

□ **서비스 개선 방안**

   ○ 우리 청에서는 고객 만족을 위해 민원 서비스 중 일부를 전자 형태로 제공하고자 함

□ **서비스 개선 방안**

   ○ 우리 청에서는 민원 서비스 중 일부를 전자 형태로 제공하여 고객 만족을 도모하고자 함

다음 보고서도 마찬가지다. 한 문장 안에 '증가'라는 단어가 무려 네 번이나 중복되고 있다.

□ **현황 및 문제점**

   ○ 무분별한 신청 건 증가 및 해결 건 증가로 인한 업무량 증가 및 직원들의 피로도 증가

불필요한 중복이라 판단되어 제거하고 다음과 같이 고쳐본다.

□ 현황 및 문제점

　　○ 무분별한 신청 및 해결 건 증가로 직원들의 업무 부담 및 피로도 <u>증가</u>

이때 좀 더 좋은 방식은 뒤에 나오는 '증가'를 유사한 단어로 대체해서 쓰는 방법이다. 네이버나 구글 사전에서 유의어를 검색해보면 쉽게 대체할 수 있다.

□ 현황 및 문제점

　　○ 무분별한 신청 및 해결 건 증가로 직원들의 업무 부담 및 피로도 <u>증대</u>

다음 보고서 문장에서 같은 실수가 나오고 있다.

• 테러를 <u>막기 위해</u> 건물 입구에 차량 진입을 <u>막기 위한</u> 바리케이드를 이중 삼중으로 설치했다.

역시 '막기 위해'와 '막기 위한'이 중복해서 나오고 있다. 이때 단어를 빼면 의미가 제대로 전달되지 않을 수 있기 때문에, 문장의 앞이나 뒤에서 중복되는 단어를 다른 단어로 대체해서 쓰는 것이 좋다.

• 테러를 <u>방지하기</u> 위해 건물 입구에 차량 진입을 <u>막기 위한</u> 바리케이드를 이중 삼중으로 설치했다.
• 테러를 <u>막기 위해</u> 건물 입구에 차량 진입 <u>방지</u> 바리케이드를 이중 삼중으로 설치했다.

다음 보고서 문장에서도 '많다'라는 단어가 중복되며 지루함을 주고, 문장을 길게 만들고 있다.

> • 최근 홍대 입구에 오픈한 플래그십 스토어는 현재까지 방문객이 <u>많지는 않</u>지만, 손님 문의가 <u>많아지고</u> 찾아오는 손님도 <u>많아지고</u> 있어 향후 2개월 동안 추이를 지켜볼 필요가 있음

'많다'라는 비슷한 의미를 지닌 증대, 증가, 늘어남 등으로 대체해서 쓰는 것이 좋다.

> • 최근 홍대 입구에 오픈한 플래그십 스토어는 현재까지 방문객이 <u>많지는 않</u>지만, 손님 문의가 증가하고 찾아오는 손님도 늘어나고 있어 향후 2개월 동안 추이를 지켜볼 필요가 있음

여기서 한발 더 나아가 '많지 않다'는 결국 '적다'는 의미이기 때문에 한 단어를 더 줄여서 쓰는 것도 가능하다.

> • 최근 홍대 입구에 오픈한 플래그십 스토어는 현재까지 방문객이 적지만, 손님 문의가 증가하고 찾아오는 손님도 늘어나고 있어 향후 2개월 동안 추이를 지켜볼 필요가 있음

때로는 중복처럼 보이지 않지만 읽기가 불편하고 의미 파악이 어려운 문장도 있다. 이때는 어김없이 동일한 술어가 반복되고 있는 경우가 많다. 예를 들면 이런 식이다.

> • 최근 시행한 설문 조사 결과에 따르면 고객들이 제품에 하자가 <u>있으며</u> 사용에 불편함이 <u>있다며</u> 불만을 다수 표출함

앞의 문장에서 '~면', '~으며', '~며'가 반복해서 나오고 있다. 왠지 모르게 어색하고 읽기 불편하다. 다음과 같이 고쳐 쓴다.

- 최근 시행한 설문 조사 결과에 따르면 고객들이 제품에 하자가 <u>있어서</u> 사용에 불편함이 <u>있다는</u> 불만을 다수 표출함

다음 문장도 교묘하게 접미사가 중복되고 있어 불편함을 준다.

□ **사무실 이전 관련 사전 준비사항**
  ○ 새로운 사무실에 입주하기 전 환풍기를 3일 정도 <u>가동시켜</u> 실내 오염 물질을 <u>배출시키고</u> 내부를 <u>환기시켜야</u> 함

위 문장에서는 '시켜'가 지속적으로 중복되고 있다. 중복의 의미도 줄이고, 수동의 의미도 바로잡아 다음과 같이 고쳐본다.

□ **사무실 이전 관련 사전 준비사항**
  ○ 새로운 사무실에 입주하기 전 환풍기를 3일 정도 <u>가동해</u> 실내 오염 물질을 <u>배출하고</u> 내부를 <u>환기함</u>

우리 뇌는 중복되는 것을 지겨워하는 경향이 있다. 불필요한 단어가 문장에서 중복되면 문장이 지겨워지면서 문장의 힘이 약해진다. 상대방의 뇌가 느낄 지루함을 덜어내고 문장을 간결하게 쓰기 위해 문장 안에서 중복되는 단어는 걷어내고 또 걷어내자. 아침에 먹은 음식을 점심에 먹고, 저녁까지 또 먹는 것을 좋아하는 사람은 없다.

술어를 술술 쓰면
문장이 다채로워지고,
생각이 풍성해진다

―――――――――――――――― 소주, 맥주, 양주 다양한 술처럼
술어도 다양하게 쓰자

보고서에서 술어 표현은 매우 중요하다. 작성자의 생각이나 의견을 문장으로 표현할 때 문장을 완성하는 마침표와 같은 역할을 하기 때문이다. 따라서 의도에 맞는 정확한 술어를 선택해서 쓰는 것이 중요하다.

또한 한 장의 보고서는 여러 문장으로 구성되므로 술어를 선택함에 있어 다양한 표현을 써서 문장을 다채롭게 구성하는 것이 좋다. 아래 내용처럼 같은 술어를 반복해서 쓴 문장은 상대방에게 지루함을 주고, 글쓴이의 생각이 폭이 좁다는 인식을 줄 수 있다.

☐ **현황 및 문제점**
  ○ 교육 운영에 필요한 기자재와 환경 <u>부족</u>
  ○ 교육생들의 니즈를 반영한 프로그램 <u>부족</u>
  ○ 교육 담당자의 상황 대처와 교육 운영 능력 <u>부족</u>

□ 추진 과제
　○ 종이컵 사용 및 관리에 대한 인식 <u>개선</u>
　○ 쓰레기 분리 수거와 처리 방법 <u>개선</u>
　○ 지자체의 행정 능력과 관리 능력 <u>개선</u>

'부족'이 반복되거나 '개선'이 반복되는 문장 앞에 상대방은

'뭐가 다 부족하다는 거야?'

'개선만 한다는 건가?'

등으로 내 보고서를 저평가할 수도 있다. 때론 형식(표현)이 내용을 지배하는 경우도 있기 때문에 술어 표현을 좀 더 다양하게 할 필요가 있다.

보고서에 등장하는 술어는 수십 수백 가지가 있지만, 두 가지 기준을 가지고 다음과 같이 정리해보았다. 술어의 성격에 따라 상태/행위, 의미에 따라 긍정/부정으로 구분했다.

구분	부정	긍정
상태	결여, 감소, 둔화, 미흡, 부족, 부진, 위축, 악화, 약화, 저조, 축소, 취약, 편중, 하락	기여, 달성, 도달, 발전, 부상, 성장, 상승, 상존, 증가, 증대, 지속, 정착, 확산, 향상
행위	간소화, 금지, 방지, 완화, 제거, 절감, 최소화, 차단, 철회, 통제, 해소, 해체	구축, 구성, 개발, 개선, 가속화, 극대화, 강화, 고도화, 가시화, 구체화, 개편, 고취, 가동, 검토, 결집, 규모화, 개정, 관리, 구현, 공급, 고려, 내실화, 도입, 다양화, 다변화, 다각화, 도출, 대응, 대비, 도모, 도약, 마련, 모색, 명확화, 반영, 발굴, 보강, 보완, 복원, 변화, 병행, 부여, 수립, 선도, 수행, 선점, 신설, 설치, 시행, 시도, 생성, 실현,

구분	부정	긍정
행위		완수, 완성, 육성, 양성, 운영, 안정화, 연장, 유치, 유지, 유인, 연계, 운용, 유도, 제고, 제공, 조성, 정교화, 제시, 주도, 지원, 재도약, 제정, 자립화, 전환, 전파, 조정, 전망, 진화, 지속, 진출, 장악, 정비, 지정, 재개, 정상화, 추진, 최대화, 최적화, 창출, 추구, 촉진, 착수, 통합, 투입, 필요, 혁신, 확대, 확산, 협의, 활성화, 효율화, 함양, 확보, 활용, 형성, 확충, 획득, 현실화, 회복, 확립

　물론 단어의 정확한 정의, 의미로 분류한 것은 아닐 수 있지만, 보고서를 작성할 때 어휘력이 부족하거나 술어 표현이 고민된다면 좋은 참고가 될 것이다.

- 동일한 술어의 중복은 지루하다는 인상을 주고, 중복이 계속되면 중복된 문장을 읽는 상대방은 중복으로 인해 문장이 간결하지 않다고 생각할 수 있다.

　혹시 위 문장을 읽으면서 어떤 느낌이 들었는가? 아마 읽기에도 지루하고, 이게 무슨 말인가 싶을 것이다. '중복'이라는 단어가 지나치게 많이 중복되고 있기 때문이다. 다음과 같이 고쳐 써보자.

- 동일한 술어의 중복은 지루하다는 인상을 주고, 이는 곧 문장이 간결하지 않다는 생각으로 연결될 수 있다.

　중복, 중복, 중복이라고 쓰고 싶은 순간, 사전을 켜고 적절한 유의어로 대체해서 술어 표현을 다양하게 써보자. 소주, 맥주, 막걸리 등 다양한 술을 섞어 마시면 빨리 취하는 것처럼, 다양한 술어 표현으로 상대방이 내 보고서에 취하는 순간을 만들 수도 있을 것이다.

한 문장에서 중복된 의미를 제거하자

'역전 앞'처럼 같은 의미를 가진
중복 단어를 제거해보자

예전에 친구들과 약속을 정할 때 자주 쓰던 말 중에 이런 말이 있다.

"내일 아침 9시에 역전 앞에서 보자."

지금은 잘못된 표현이라는 인식이 자리 잡아서 쓰지 않는 표현이지만, 예전에는 아무렇지 않게 사용하던 말이다.

"내일 아침 9시에 역 앞에서 보자."
가 좀 더 정확한 표현이다.

사실 '전'과 '앞'의 의미가 중복된다고 해서 잘못된 표현은 아니다. 의미만 전달되면 그만이다. 하지만 간결한 문장을 쓰기 위해서는 이런 의미 중복 표현을 피하는 것이 좋다.

예를 들어, 보고서에 많이 등장하는 의미 중복 표현으로 다음과 같은 문장이 있다.

- 본 건물은 <u>쓰이는</u> <u>용도</u>에 따라 다르게 활용할 수 있음

위 문장에서 '쓰이는'과 '용도'가 중복된 의미를 지닌다. 다음과 같이 고쳐 쓰는 것이 좋다.

- 본 건물은 <u>용도</u>에 따라 다르게 활용할 수 있음

다음 문장에서도 비슷한 오류가 발견된다.

- 보다 나은 고객 편의를 위해 개발 부서와 <u>협의 과정을 거쳐</u> 챗봇 서비스 개선 프로젝트에 <u>착수하기 시작</u>했음

위 문장에서 '협의'와 '과정을 거쳐'는 의미 중복이다. '협의'라는 단어에 이미 의견을 교환하고 논의하는 과정이라는 의미가 있기 때문이다. '착수'와 '시작'도 의미 중복 표현이다. 다음과 같이 고쳐 쓰는 것이 좋다.

- 보다 나은 고객 편의를 위해 개발 부서와 <u>협의</u>해서 챗봇 서비스 개선 프로젝트를 <u>시작</u>했음

다음 문장은 의미 중복이라고 할 수는 없지만, 군이 쓰지 않아도 되는 표현이 포함된 문장이다.

- 전 직원 건강검진 결과, 일부 직원들의 경우 건강에 이상이 발견되어 관리 <u>필요성이 대두</u>됨

필요하면 필요한 것이지 굳이 '대두됨'이라고 쓰지 않아도 된다. 다음과 같이 고쳐 쓴다.

- 전 직원 건강검진 결과, 일부 직원들의 건강에 이상이 발견되어 관리가 필요함

다음 문장에서도 있으면 '있다'고 쓰면 되지 굳이 '있는 상황이다'라고 쓸 필요는 없어 보인다.

- 제품 불량으로 인한 고객 불만이 계속되고 있는 상황임

'있는'과 '상황이다' 둘 중에 하나를 제거하고 '계속되고 있음' 또는 '계속되는 상황임'이라고 고쳐 쓴다.

- 제품 불량으로 인한 고객 불만이 계속되고 있음
- 제품 불량으로 인한 고객 불만이 계속되는 상황임

물론 단어 하나 차이가 뭐 그리 중요하다고 생각할 수 있다. 하지만 티끌 모아 태산이라고, 의미가 중복된 표현이 한 문장 안에서 여러 번 나온다면 문장이 길어지고 중언부언하게 된다.

- 향후 8월 말까지 매출판매 증진전략 수립을 진행할 예정임

우선 미래 지향적인 의미를 가진 단어 '향후'와 '예정'이 중복되고 있다. '매출'과 '판매' 역시 중복되는 의미를 가진다. '수립을 진행'이라는 표현은 '수립'이라고만 써도 충분하다. 다음과 같이 간결한 문장으로 고쳐본다.

• 8월 말까지 매출 증진전략을 수립할 예정

다음 보고서는 의미 중복의 끝판왕이라 할 만하다. 했던 말을 또 하고, 같은 의미가 반복되는 문장 앞에 상대방의 뇌는 갈 곳을 잃어버린다.

• 기초체력 향상이 되지 않으면 운동을 하기 힘들어지고 악순환이 반복되어, 기초체력을 늘릴 수 있도록 기초체력 향상에 필요한 요소인 심폐지구력과 근력을 강화해야 하며 근육량도 신경 써야 함

우선 복잡한 문장을 의미 단위로 분리해서 살펴본다.

• 기초체력 향상이 되지 않으면 운동을 하기 힘들어지고 악순환이 반복되어
• 기초체력을 늘릴 수 있도록 기초체력 향상에 필요한 요소인
• 심폐지구력과 근력을 강화해야 하며 근육량도 신경 써야 함

작성자의 정확한 의도는 알 수 없지만, 위 문장에는 중언부언하며 의미가 중복된 표현이 많이 포함되어 있다. 우선 첫 번째 문장은 '운동을 하기 힘들다'와 '악순환이 반복된다'가 중복으로 보인다. 두 번째 문장에서 '기초체력을 늘릴 수 있도록'과 '기초체력 향상에 필요한 요소인'도 비슷한 의미로 보인다. '근력을 강화해야 하며'와 '근육량도 신경 써야 함'은 중복이 아니기는 하나, 근력과 근

육량의 개념 차이를 수요자 입장에서 유사한 의미로 볼 수도 있으므로, 다음과 같이 고쳐 쓰면 간결하게 표현할 수 있다.

- 기초체력이 향상되지 않으면 운동을 지속하기가 어렵기 때문에 기초체력 향상에 필요한 심폐지구력과 근력을 강화하는 습관이 필요함

부정적인 표현을 긍정적인 표현으로 바꾸고, 문장 순서를 조정해서 좀 더 간결한 문장으로 바꿔본다.

- 운동을 지속하기 위해 기초체력 향상에 필요한 심폐지구력과 근력을 강화하는 습관이 필요함

보고서에 많이 등장하는 여러 의미 중복 표현을 다음과 같이 정리했다. 의미 중복 표현을 피하고 간결한 문장을 쓰는 데 참고가 되길 바란다.

매 분기마다 → 분기마다	각 나라별 → 나라별
범위 내에서 → 범위에서	쓰이는 용도 → 용도
기간 동안 → 기간	중요한 요건 → 요건
관점에서 보면 → 관점에서	거의 대부분 → 대부분
과반수 이상 → 과반수	미리 예견된 → 예견된
그때 당시 → 그때 또는 당시	문의하는 질문 → ~하는 질문
과정 속에서 → 과정에서	의견 교환을 나눔 → 의견을 나눔

지나간 과거 → 과거

현안 문제 → 현안

부터 먼저 → 부터

반드시 필요 → 필요

간단히 요약 → 요약

완전히 근절 → 근절

수준 높은 양질 → 양질

약 1시간 정도 → 약 1시간

각 계열사별로 → 각 계열사가

연속으로 ~을 이어갔다 → 연속으로 ~했다

10월달 → 10월

10일날 → 10일

습관적으로 사용하는
사족 표현을 제거하자

우리가 자주 쓰는
사족 같은 표현 1

사족은 뱀의 발이라는 뜻으로 굳이 필요 없는 것을 의미한다. 사실 뱀에게 발이 있어도 그만이다. 하지만 빠르게 기어다니는 뱀에게 발은 오히려 방해만 된다. 마찬가지로 보고서 문장에서 있어도 그만이지만, 오히려 문장을 길어지게 만드는 습관성 '사족' 표현이 많이 등장한다.

대표적인 습관성 사족 표현 세 가지로는 '~로 인하여', '~에 대한(관한)', '~라는 과정을 통해'가 있다. 이런 표현은 대부분 영어나 일본어를 번역하는 과정에서 생긴 번역투이다. 없어도 의미 전달이 가능하다면 제거하는 편이 낫다. '제거하자'라고 하지 않고, '제거하는 편이 낫다'라고 한 것은 무조건 제거하라는 의미가 아니다. 뺄 수 있으면 빼거나 고쳐 쓸 것을 추천한다는 뜻이다. 앞서 이야기한 바와 같이 보고서에 절대적인 정답은 없기 때문이다. 다음과 같은 방법을 활용해보기 바란다.

1. ~로 인하여 → ~로, ~때문에

기상 악화로 인하여 출발 계획에 차질이 생김

→ 기상 악화로 출발 계획에 차질이 생김

2. ~에 대한(관한) → 삭제

기상 악화로 출발에 대한 계획에 차질이 생김

→ 기상 악화로 출발 계획에 차질이 생김

3. ~라는 과정을 통해 → 후에, ~로, ~를 해서

기상 악화로 참가자 의사결정 과정을 통해 향후 계획을 수립하기로 함

→ 기상 악화로 참가자 의사결정 후에 향후 계획을 수립하기로 함

'한두 단어쯤이야 괜찮겠지…'라고 생각할 수도 있다. 하지만 다음 문장과 같이 한 문장 안에 사족과 같은 표현이 여러 번 사용된다면, 문장이 한없이 길어져 간결함이 떨어진다.

> • 기상 악화로 인하여 출발에 관한 계획에 차질이 생겨, 참가자 의사결정 과정을 통해 향후 계획을 수립하기로 함

사족은 제거하고 다음과 같이 고쳐 쓴다.

> • 기상 악화로 출발 계획에 차질이 생겨, 참가자 의사결정 후 향후 계획을 수립하기로 함

이제 본격적으로 보고서 문장을 살펴보자.

> ☐ **임직원 통근 대책**
>   ○ 직원들의 자차 이용률 증가로 인하여 주차장 이용에 대한 불만이 증가하여, 통근 버스 배차 간격을 줄이는 것을 통해 자차 이용자 수를 줄이고자 함

사실 의미 전달이나 문법적인 표현에 문제는 없다. 그래도 가능하다면 '~로 인하여', '~에 대한', '~를 통해' 등을 제거하고 좀 더 간결한 문장으로 고쳐 쓰는 것이 좋다.

> ☐ **임직원 통근 대책**
>   ○ 직원들의 자차 이용률 증가로 주차장 이용에 불만이 증가하여, 통근 버스 배차 간격을 조정해서 자차 이용자 수를 줄이고자 함

다음 보고서 문장도 같은 원칙을 적용해서 수정해본다.

> • **전통시장 활성화에 대한 계획은 시민 단체와의 갈등으로 인하여 시의회 정책과의 일관성에 대한 검토를 통해 진행되어야 함**

이때 갈등을 피하기 위한 당위성을 더하고, '진행되어야'라는 수동 표현을 능동 표현으로 바꾸는 것까지 적용해보자. 문장은 간결해지고 그 의미가 좀 더 선명해지는 것을 확인할 수 있다.

> • 전통시장 활성화 계획은 시민 단체와의 갈등이 없도록, 시의회 정책과의 일
>   관성 검토 후 진행해야 함

다음은 어느 기관 보고서 실습 과정에서 교육생이 작성한 문장이다. 문장이 간결한 듯하지만 사족 표현이 많다. 읽기도 불편하고 그 의미도 제대로 전달되지 않는 표현이다.

> • 고분자 열배합 설계 과정을 통해 분자 유실로 인한 열배출 효과 감소를 통
>   해 에너지 효율이 증대됨

사족과 같은 표현을 제거하고, 문장 기술 순서를 일부 변경하여 다음과 같이 고쳐본다.

> • 분자 유실로 발생하는 열배출 효과 감소를 위해 고분자 열배합 설계로 에너
>   지 효율을 높임

이렇게 수정하는 방법도 가능하다.

> • 분자 유실에 따른 열배출 효과를 감소시키는(줄여주는) 고분자 열배합 설
>   계로 에너지 효율을 높임

'문장이 간결하다'는 것은 '문장이 짧다'라는 말과 같은 의미가 아니다. 단순히 짧은 것이 아니라 핵심은 담고 있으면서도 짧아야 한다는 뜻이다. 그러기 위해서 가장 쉽게 문장을 간결하게 쓰는 방법은 사족과 같은 표현을 제거하는 것이다. 사족은 뱀에게도, 보고서에도 전혀 도움이 되지 않는다.

이런 것도 모두
사족이다

———————————————————————— 우리가 자주 쓰는
사족 같은 표현 2

앞서 대표적인 사족 표현 세 가지를 알아보았다. 사실 가장 많이 쓰는 사족 표현 세 가지만 책에서 다루려고 했으나, 최근 검토하는 보고서에서 '족족' 발견되는 사족이 있다. 이를 그냥 둘 수 없어 이번에 마저 잘라보고자 한다.

1. ~하는 경우에는 → ~하면(면), 경우는 → ~는

상호 협의가 이루어지지 아니하는 경우에는 당사자의 청구로 손해배상을 진행할 수 있음
→ 상호 협의가 이루어지지 않으면 당사자의 청구로 손해배상을 진행할 수 있음

연간 한 권 이상의 책을 읽을 경우 기획력 향상에 도움이 됨
→ 연간 한 권 이상의 책을 읽으면 기획력 향상에 도움이 됨

디자인 업무만 진행하는 부서의 경우는 전체 업무 프로세스를 이해하지 못해, 일정이 지연되는 경우 대처 방안을 마련하는 데 한계가 있음

→ 디자인 업무만 진행하는 부서는 전체 업무 프로세스를 이해하지 못해, 일정이 지연되면 대처 방안을 마련하는 데 한계가 있음

2. 함에 있어서 → ~할 때

주식을 함에 있어서 투자 정보를 얻는 사이트의 신뢰성이 부족함

→ 주식을 할 때 투자 정보를 얻는 사이트의 신뢰성이 부족함

문장을 표현함에 있어서 과도한 조사의 생략과 수동태 표현은 지양해야 함

→ 문장을 표현할 때 과도한 조사의 생략과 수동태 표현은 지양해야 함

3. ~에 있어서는, ~에 있어 → ~는(은), ~에

학교는 중요재산 관리대장을 비치하고 목적에 맞게 관리해야 하며, 변동 현황에 있어서는 이를 주기적으로 보고하고, 자산 처분에 있어서는 교육청의 승인을 받아야 함

→ 학교는 중요재산 관리대장을 비치하고 목적에 맞게 관리해야 하며, 변동 현황은 주기적으로 보고하고, 자산 처분은 교육청의 승인을 받아야 함

향후 업무 추진 과정에 있어서 성과 지표는 핵심 관리 대상으로 지정함

→ 향후 업무 추진 과정에 성과 지표는 핵심 관리 대상으로 지정함

4. ~에 한하여 → ~에만, ~에는, ~때는

임원 임기는 2년으로 하되 전체 회원의 찬성이 있을 때에 한하여 연임할 수 있음

→ 임원 임기는 2년으로 하되 전체 회원이 찬성할 때는 연임할 수 있음

문장에서 없애야 할
적·의·것·들·있는

'적·의'를 보이는 '것·들'이
'있는'으로 외워보자

일상 생활에서는 크게 문제가 없지만, 알고 보면 거슬리고 신경 쓰이는 표현이 있다. 대표적인 단어가 바로 '다르다'와 '틀리다'이다. 예전에는 거의 모든 일상 표현에 '틀리다'라는 말을 썼다. 하지만 맞춤법에 집착하는 후배에게 몇 번 지적을 받은 이후 명확하게 구분해서 쓰기 시작했다.

제대로 알고 난 후에는 나도 그 후배처럼 다른 사람들이 '다르다'라고 말해야 할 곳에 '틀리다'라고 말하면 신경이 쓰이고 지적하고 싶은 마음이 생겼다. 물론 그 지적질(?)은 심리적으로 가까운 사람만을 타깃으로 한다.

"아들, 역시 서울 오니까 식당 수준이 틀리네."

"엄마, 틀린 게 아니라 다른 거야. 틀린 건 '맞다, 틀리다'고 할 때 쓰는 말이고, '같다'의 반대말로는 '다르다'가 맞아."

"그게 그거지. 뭣이 중헌디!"

사실 뭣이 중하나 싶기도 하다. 사는 데 아무 지장 없고, 좀 틀리게 쓰면 어떤가 싶다. 하지만 한 번 알고 나니 계속 거슬리는 것은 어쩔 수 없는 노릇이다.

이런 비슷한 경험을 문장 공부를 하면서 할 수 있었다. 틀린 것은 아니지만 거슬리기 시작한 표현이 생겼다. 김정선 작가가 《내 문장이 그렇게 이상한가요?》*에서 명쾌하게 정리한 '**적·의**를 보이는 **것·들**이 **있는**'이라는 표현이다.

김정선 작가는 자신의 책에서 '적' , '의', '것', '들', '있는'을 문장에서 제거해야 한다고 주장하며, 이를 외우기 쉽게 한 문장으로 '적의를 보이는 것들이 있는'으로 정리했다. 다음 사례로 확인해보자.

1. 적

금번 조세 정책 방향은 정치적, 사회적 환경을 고려해야 함
→ 금번 조세 정책 방향은 정치, 사회 환경을 고려해야 함

'적'이 없어도 충분하다고 생각한다. 정치적, 사회적에서 '적'을 빼고 정치 환경, 사회 환경이라 쓰는 것이 좋다. '환경적 변화', '개인적 책임'이 아니고 '환경 변화', '개인 책임'이라고 쓰는 것도 같은 이치다.

2. 의

작업자 환경을 고려한 최신의 시스템 구축
→ 작업자 환경을 고려한 최신 시스템 구축

---

* 김정선 저, 《내 문장이 그렇게 이상한가요?》, 유유, 2016, 18쪽

'최신의 시스템'이 아니고, '최신 시스템'이 좋다. 같은 이치로 '현재의 상황'이 아니고 '현재 상황'이라고 쓰는 것이 간결하다. '문제의 해결'이 아니라, '문제 해결'이라고 쓰면 좀 더 힘있게 느껴진다.

3. 것

AI 산업은 2024년까지 20% 성장할 것으로 전망
→ AI 산업은 2024년까지 20% 성장 전망

'성장할 것으로 전망'에서 굳이 '것으로'가 필요할까? '성장 전망'이 더 간결해 보인다. 유사하게 '도입할 것으로 결정'이 아니라 '도입 결정'으로 쓰는 것이 더 좋은 표현이다.

4. 들

다양한 고객들 의견을 수렴하여, 서비스 정책을 수립해야 함
→ 다양한 고객 의견을 수렴하여, 서비스 정책을 수립해야 함

'다양한'과 '고객들' 모두 복수의 개념이므로, 이때는 뒤에서 '들'을 제거하고 쓰는 것이 좋다. '많은 고객들'은 '많은 고객'으로, '여러 회사들이'는 '여러 회사가'라고 쓰는 것이 좋다.

5. 있는

아카데미에서 운영하고 있는 홍보 채널 개선 필요

→ 아카데미에서 <u>운영하는</u> 홍보 채널 개선 필요

'운영하고 있는'은 마치 '해야'를 '하여야'로 늘려 쓴 것과 같이 아무 의미 없는 표현이다. '의회가 제시하고 있는'은 '의회가 제시하는'이라고 고쳐 쓰는 것이 간결하다.

사실 앞에서 열거한 예시는 '다르다'와 '틀리다'와 마찬가지로 절대적인 법칙은 아니라고 생각한다. 다만 알고 적용하면 좀 더 간결한 문장을 쓰는 데 도움이 되는 표현으로 제거하거나 변경해서 쓸 것을 추천한다. 의식하고 노력하면 보고서 문장을 간결하게 하는 데 도움이 되는 방법이다.

다음 보고서 문장을 보자.

> • 계열사 홈페이지들과 유튜브 채널들에서 공지하고 있는 회사의 정보 외에는 취업 준비생들이 회사의 정보를 확인할 수 있는 사이트가 없을 것으로 판단됨

'홈페이지들'과 '채널들'에서 '들'을 빼고, '회사의'에서 '의'를 빼고, '취업 준비생들'에서 '들'을 빼고, '공지하고 있는'에서 '있는'을 빼고, '것으로 판단됨'에서 '것으로'도 빼보자. 다음과 같이 간결한 문장이 된다.

> • 계열사 홈페이지와 유튜브 채널에서 공지하는 회사 정보 외에는 취업 준비생이 회사 정보를 확인할 수 있는 사이트가 없다고 판단됨

이때, 단어 중복과 의미 중복을 고려하면 좀 더 간결하게 바꿀 수도 있다.

- 계열사 홈페이지와 유튜브 채널 외에는 취업 준비생이 회사 정보를 확인할 수 있는 창구가 없다고 판단됨

다음 보고서 문장은 좀 더 복잡해 보인다.

- 김치의 저장시설 부족과 유통 과정에서 발생하고 있는 수수료들로 인해 김치의 가격 상승이 발생하여 김치를 판매하고 있는 영세 상인들에게 피해가 전가됨

'적의를 보이는 것들이 있는'과 이전에 언급한 사족 표현까지 함께 제거하여 다음과 같이 간결한 문장으로 고칠 수 있다.

- 김치 저장시설 부족과 유통 과정에서 발생하는 수수료로 김치 가격이 상승하여 김치를 판매하는 영세 상인에게 피해가 전가됨

내용을 바꾸지 않고 몇 단어를 제거하고 일부 표현을 수정했을 뿐이다. 문장은 간결해지고 의미가 선명해진다.

예전에 어느 기관에서 보고서 강의를 할 때 어떤 교육생이 이런 질문을 한 적이 있다.

"강사님. '적'을 빼라고 하셨는데, 그럼 '질적 성장'이나 '양적 성장'과 같은 관습적인 표현을 할 때도 '양 성장', '질 성장'이라고 해야 하나요?"

강의를 하면서 받았던 가장 어려웠던 질문이고 난감했던 순간이었다. 당연히 제대로 된 답변도 하지 못했다. 그리고 이런 반성과 깨달음이 이어졌다.

'어떤 생각을 글로 표현하는 데 절대적인 정답이 있지는 않으니, 어떤 방법이나 이론이 무조건 맞다는 생각은 경계하자.'

그래서 '적의를 보이는 것들이 있는'을 대하는 독자에게 다음과 같이 간명하게 메시지를 전해본다.

> '삭제하거나 변경하는 것을 기본 원칙으로 하되,
> 문장이 어색해지지 않는 범위에서 한다.'

한마디로 빼도 되면 빼고, 아니면 그냥 두라는 뜻이다. 다소 무책임한 말처럼 들릴 수도 있지만, 결말을 열어둔 영화의 마무리 정도로 이해해주기 바란다.

문장 기술 17

이해를 돕는 기호 표현을
적절히 활용하자

———————————————— 긴 내용을 단숨에 줄이는
보고서의 기호 표현

예전에 대학에서 교양 수업 레포트를 쓰거나, 서술형 시험을 보다 보면 재미있는(?) 일이 벌어지곤 했다. 인문학도인 나는 주로 문장으로 생각을 표현하는 반면, 공대 친구들은 대부분 수학 기호나 수식을 활용해서 생각을 표현했다. 그때는 그런 그들을 놀려대며, "공돌이 수준하고는… 글도 제대로 못 써서 수식으로 표현하냐!"라고 핀잔을 주곤 했는데, 지금 와서 생각해보니 '꽤 고도화된 생각 표현 방식일 수 있겠구나'라는 생각이 든다. 특히 간결한 표현을 하려면 수학 기호나 수식만큼 좋은 방법도 없다. 보고서에 등장하는 기호 표현은 여러 가지가 있지만, 통상적으로 많이 쓰이는 기호는 →(화살표), ·(가운뎃점), *(각주), +(더하기) 네 가지가 있다.

1. 화살표(→)

업무, 시간, 위치의 이동이나 흐름, 절차, 연결을 표현할 때 사용한다. 구구절절 장황한 문장을 보다 간결하게 표현할 수 있다.

> □ **50세 이상 생산 가능 인구의 비중은 지속적인 감소세를 보임**
>   ○ ('16년) 24.1% → ('17년) 23.2% → ('18년) 21.2% → ('19년) 18.2%

> □ **스타트업 R&D 투자 진행 및 관리 프로세스**
>   ○ 사업아이템 선정 → 사업 구성 → 평가체계 구축 → 사후 관리

2. 가운뎃점(·)

병렬로 연결되는 단어나 문구 등을 열거할 때 가운뎃점을 사용하면 문장을 간결하게 표현할 수 있다.

- 곤충의 몸은 머리·가슴·배로 구분할 수 있다.
- 공시가격 산정의 정확성·투명성 제고를 위한 제도 개선

이때 쉼표를 사용해도 되는데, 다음과 같이 그 쓰임 차이를 간략하게 차이를 정리해두니 도움이 되길 바란다.

1. 가운뎃점: 주로 단어를 연결할 때, 연결하는 단어의 관계가 밀접할 때

- 대전시 문화유산을 조사·연구하는 일이 17대 시의회 핵심 과제로 부상했다.

2. 쉼표: 구나 절을 연결할때, 연결하는 단어의 관계가 대등할 때

- 17대 시의회는 대전시 문화유산을 조사하고, 활용 방안을 연구하는 일을 핵심 과제로 선정했다.

3. 각주(*)

각주는 부연, 상세 설명이 필요한 단어 오른쪽 상단에 별표 기호(*)로 표기해서 문장을 간결하게 하는 효과가 있다. 주로 외래어, 전문용어, 신조어 등을 설명할 때 활용된다. 한 장이나 문단 안에 각주가 두 개인 경우 *, **로 표기한다.

> ☐ **베이비부머* 세대는 낮은 여가활동 수준을 보이지만, 반면 여가의 중요성 인식 지수**는 높다.**
>
> * '55~'63년 출생한 약 600만 명, 총 인구의 13.2% 차지
> ** 삶의 요소 중 여가에 대해 생각하는 비중

이때 각주는 본문과 구분하기 위해 서체 혹은 크기를 달리하는 것이 좋다. 각주는 보통 중고딕체로 쓴다.

4. 덧셈 기호(+)

결합어나 가치의 크기가 같은 항목을 병렬로 연결할 때 주로 사용한다.

- 경제＋문화＋정치 분야에서 균형 잡힌 성장 추구
- 평가 요소에는 리더십＋소통＋기획 역량이 포함됨
- 짜슐랭은 A사 신제품으로 짜장면＋미슐랭 의미로 사용됨

다음 보고서 내용을 보자. 교육부에서 작성한 보고서 일부를 변경한 글이다. 다양한 기호를 활용해서 간결하게 작성한 보고서의 면모를 확인할 수 있다.

> ☐ **디지털기반 교육혁신**
>   O AI 기반 코스웨어*를 운영하여 학습데이터 분석결과를 교사가 수업

에 활용해 학생별 최적화된 학습을 지원함

* 교과과정(Course)+소프트웨어(Software) 합성어: 바람직한 수업 조건을 위해 설계된 컴퓨터 소프트웨어

O AI·VR·AR 등 디지털 신기술을 활용해 에듀테크 진흥방안을 수립함
  - 방안 수립('23) → 시범 운영('24) → 단계적 도입('25)

물론 앞의 네 가지 기호 이외에도 보고서에 등장하는 수많은 기호 표현이 있으나, 여기에서는 문장을 간결하게 쓰는 데 활용하는 기호 위주로 정리했다. 이외에도 보고서에 등장하는 다양한 기호 표현을 다음과 같이 정리했으니 참고하기 바란다.

5. 소괄호 ( )

괄호 표현에는 소괄호 ( ), 중괄호 { }, 대괄호 [ ] 세 가지 표현이 있는데, 이중 가장 많이 쓰이는 괄호가 소괄호 ( )이다. 국립국어원에 따르면 소괄호는 크게 7~8가지 쓰임이 있으나, 보고서에는 주로 세 가지 쓰임이 활용된다.

1) 주석이나 보충 설명을 덧붙일 때

• 대전시 대표적인 관광지(유성온천, 엑스포공원, 보문산) 활성화를 위해 대전 청년 드림 서포터즈를 발족하고 운영하고자 함

2) 우리말 표기와 원어 표기를 함께 쓸 때

• ChatGPT(챗지피티) 기능을 활용해 보고서 작성에 도움을 받을 수 있음

3) 항목의 순서나 종류를 나타내는 숫자나 문자 등을 쓸 때

• 입사 지원에 필요한 서류는 (1) 이력서, (2) 자기 소개서, (3) 경력기술서로 3월 14일까지 홈페이지를 통해 접수가 가능함

6. 작은따옴표(' ')

문장에서 특정한 부분을 특별히 강조할 때 사용한다.

- 워크스마트에 활용할 수 있는 대표적인 도구 '줌(Zoom)'을 활용해 재택근무 활성화에 기여할 수 있음

이외에도 작은따옴표는 인용문 속의 인용문을 나타내거나 마음속으로 한 말임을 나타낼 때 쓰기도 한다. 소제목, 그림이나 노래와 같은 예술 작품의 제목, 상호, 법률, 규정 등을 나타낼 때 쓰기도 하며, 이때는 홑낫표(「」)와 홑화살괄호(〈〉)도 사용 가능하다.

7. 큰따옴표 (" ")

말이나 글을 직접 인용할 때, 문장 가운데 직접 대화를 표시할 때 쓴다.

- 김성근 감독님의 "공 하나에 다음은 없다"라는 말처럼 임직원들이 매사 최선을 다할 수 있는 마인드셋이 필요함

책이나 신문 이름 등을 나타낼 때 쓰기도 하며, 겹낫표(『』)와 겹화살괄호(《》)도 사용 가능하다.

8. 쌍화살표(↔)

비교나 대조를 표현할 때 사용한다.
- ○○ 지역 1인당 생활 쓰레기 발생량: 20kg/월 ↔ 15kg/월(OECD 평균)

9. 쌍점–콜론(:)

1) 표제 다음에 해당 항목을 들거나 설명을 붙일 때
2) 의존 명사 '대'가 쓰일 자리 대신

이때 1)의 쌍점은 앞은 붙여 쓰고, 뒤는 띄어 쓴다. 반면 2)의 쌍점은 앞뒤를 붙여서 쓴다.

- 흔하진 않지만 두 자로 된 성씨도 있다(예: 남궁, 선우, 황보).
- 청군:백군의 점수는 65:60(65 대 60)이었다.

10. 참고사항(※)

관련 법령, 통계, 연구결과, 설문결과, 전문가 견해, 언론보도, 국/내외 사례 등을 나타날 때 활용한다.

> ○ 60대 이상의 희망 여가활동은 문화예술(23.2%), 스포츠(17.2%), 봉사활동(12.3%), IT 활용(9.8%)순으로 나타나고 있음
>
> ※ '15년 노인 희망 여가활동 실태조사 결과보고서

11. 물결표(~)

기간이나 거리 또는 범위를 나타낼 때 물결표를 쓰는 것이 원칙이고, 물결표는 앞말과 뒷말에 붙여 쓴다.

- 행사 일정: 6월 1일~6월 15일

하이라이팅으로
핵심을 보여주자

———————————————— 축구도, 야구도, 보고서도
하이라이트가 더 재미있다

한글이나 워드 보고서를 기준으로 A4 용지 한 장 안에 담기는 문장은 약 15개 내외, 단어는 약 200개 내외에 이른다. 이때 모든 문장과 단어, 정보 등을 일관된 방식으로만 표현하면, 읽는 사람은 지루함을 느끼고 뭐가 중요한지 알 수가 없다. 묵묵히 보고서를 읽어 내려갈 뿐이다. 그리고 그 끝에 날카로운 한마디를 던져온다.

"뭐가 중요한 거지? 핵심이 뭐야?"

속으로는 이런 말이 튀어오르지만, 꾹 삼켜야만 한다.

'거기 적힌 게 다 중요합니다.'

이때 활용할 수 있는 기술이 일명 **하이라이팅 기술**이다. 보고서에서 중요하다고 생각되는 단어나 문구, 문장 등을 일반적인 내용과 구분하여 강조하는 방법이다.

상사는 내 보고서를 다 읽을 시간도, 다 읽고 싶은 인내심도 없는 사람이라고 생각하자. 그들이 악해서 그런 것이 아니다. 위로 갈수록 생각할 것이 많고, 업무도 복잡하기 때문에 빨리 내용을 파악하고 싶기 때문이다. 이때 하이라이팅 기술을 적용하면 상사는 중요한 부분을 중심으로 보고서를 검토할 수 있다. 핵심을 파악하기가 쉽고, 시간도 절약해주는 지극히 효율적인 방법이다.

하지만 하이라이팅 기술의 진정한 필요성은 따로 있다. 바로 이런 강조 표시를 해서 상대방의 인식을 지배하고 주도할 수 있기 때문이다. 보고서에 하이라이팅을 적용하면 상대의 시선은 해당 단어나 문구로 이동하고, 시선의 이동에 따라 생각하게 된다. 한마디로 상대방의 인식을 내 생각대로 끌고 올 수 있다. 상대방의 생각이 다른 데로 새는 것을 방지하고, 논의의 초점을 내 의도로 끌고 올 수 있는 효과적인 방법이다.

보고서에 하이라이팅을 적용하는 방법은 통상적으로 네 가지가 있다.

1. 굵은 글씨
2. 강조 색깔
3. 밑줄 기울임
4. 형광펜 효과

하지만 한 보고서 안에서는 한 가지 방법을 일관성 있게 쓸 것을 추천한다. 다음 보고서는 예시를 위해 네 가지를 한꺼번에 사용했다.

□ **자녀돌봄 지원 확대 및 가족친화 문화 확산**
　○ (아이돌봄서비스) 출·퇴근 시간대 등 돌봄 공백이 있는 맞벌이가구 양육부담 경감을 위해 **아이돌봄서비스 지원 시간 및 가구** 확대

- ○ (아이돌봄플랫폼) 이용자의 수요 기반으로 긴급·출퇴근 돌봄 등 맞춤형 서비스 제공을 위한 아이돌봄 통합지원 플랫폼 구축
- ○ (가족친화기업) 근로자의 일·생활 균형 및 가족친화 직장문화 확산을 위해 가족친화 *인증기업 및 최고기업 지정* 확대
- ○ (경력단절 예방) 경력단절 가능성이 높은 여성과 기업을 대상으로 생애주기별 경력준비-유지-전환 등 맞춤형 서비스 확대

다만 주의해야 할 점은 지나치면 아니 하는 것만 못하다는 것이다.

□ **자녀돌봄 지원 확대 및 가족친화 문화 확산**
- ○ (아이돌봄서비스) 출·퇴근 시간대 등 돌봄 공백이 있는 **맞벌이가구 양육부담 경감**을 위해 **아이돌봄서비스 지원 시간 및 가구 확대**
- ○ (아이돌봄플랫폼) **이용자의 수요 기반**으로 긴급·출퇴근 돌봄 등 맞춤형 서비스 제공을 위한 **아이돌봄 통합지원 플랫폼** 구축
- ○ (가족친화기업) 근로자의 일·생활 균형 및 **가족친화 직장문화 확산**을 위해 **가족친화 인증기업 및 최고기업 지정** 확대
- ○ (경력단절 예방) **경력단절 가능성**이 높은 여성과 기업을 대상으로 생애주기별 **경력준비-유지-전환 등 맞춤형 서비스** 확대

위 보고서는 하이라이팅 표현 때문에 오히려 더 산만하고 복잡해 보인다. 모든 문장에 하이라이팅을 적용하면 스스로 뭐가 중요한지 모른다고 자백하는 것과 다를 바가 없다. 한 페이지 기준으로 20% 내외가 적정하다고 생각한다. 다음과 같이 수정해보자. 진짜 중요한 게 무엇인지, 핵심은 무엇인지 좀 더 명확해진다.

□ 자녀돌봄 지원 확대 및 가족친화 문화 확산

    ○ (아이돌봄서비스) 출·퇴근 시간대 등 돌봄 공백이 있는 맞벌이가구 양육부담 경감을 위해 **아이돌봄서비스 지원 시간 및 가구 확대**

    ○ (아이돌봄플랫폼) 이용자의 수요 기반으로 긴급·출퇴근 돌봄 등 맞춤형 서비스 제공을 위한 **아이돌봄 통합지원 플랫폼 구축**

    ○ (가족친화기업) 근로자의 일·생활 균형 및 가족친화 직장문화 확산을 위해 가족친화 인증기업 및 최고기업 지정 확대

    ○ (경력단절 예방) 경력단절 가능성이 높은 여성과 기업을 대상으로 생애주기별 경력준비–유지–전환 등 **맞춤형 서비스 확대**

보고서는 시작부터 끝까지 흥미 있고 재미있는 야구나 축구가 아니다. 하물며, 축구나 야구 경기도 처음부터 끝까지 보는 것보다 하이라이트로 보는 것이 더 재미있을 때가 많다. 같은 방식으로 상사를 공략해보는 것은 어떨까? 한 페이지 안에 20% 내외로 하이라이팅 기술을 적용해서 상사의 검토 시간을 단축해주고, 보고서의 설득력을 높여보자. 보고서 전체의 양을 줄일 수 없다면, 하이라이팅 표현만으로 간결하다는 인상을 줄 수 있다.

문장을 간결하게 만드는 아홉 가지 기술

1 하나의 문장에는 하나의 생각을 담고, 두 줄 이하로 쓰는 것이 좋다.

2 단어 중복 사용을 피해야 문장이 간결해지고 문장에 힘이 생긴다.

3 술어를 다양하게 써야 문장이 풍성해지고, 문장이 풍성하면 보고서가 풍요로워진다.

4 하나의 문장에서 중복되는 의미의 단어를 제거하자.

5 습관적으로 사용하는 번역투, 사족 표현을 줄여야 문장이 간결해진다.

6 무의식적으로 사용하는 사족 표현이 있는지 경계하고 다시 살펴보자.

7 '적·의·것·들·있는'을 제거하면 문장이 간결해지고 자연스러워진다.

8 기호 표현을 사용하면 문장이 간결해지고, 읽는 사람의 이해가 빨라진다.

9 하이라이팅 표현으로 상대방이 봐야 할 것만 간결하게 보여주자.

CHAPTER 03

이해하기 쉽게

하수는 쉬운 걸 어렵게 쓰고,
고수는 어려운 걸 쉽게 쓴다.

조사를 멋대로 생략하면
문장이 삐걱거린다

관절이 없으면 **뼈**가 아프고,
조사가 **없으면** 문장이 아프다

나이를 먹으며 하루하루 달라지는 것이 많다. 대부분 없어지거나 줄어든다. 자고 일어나면 머리카락이 빠져 있고, 잇몸은 약해지고, 근육은 줄어든다. 이것만 해도 서러운데, 최악은 뼈의 관절이 닳아서 움직일 때마다 삐걱거리거나, 겨울이 되면 시릴 정도로 아프다는 점이다. 강사라는 게 오래 서서 일하는 직업이다 보니 관절 건강에 더 신경 써야겠다는 생각이 드는 요즘이다.

난데없이 웬 관절 타령이냐 싶겠지만, 사실 이번에 이야기하고 싶은 내용도 보고서에서 없어지거나 줄어든 것과 깊은 관련이 있다. 바로 '조사'다. 문장에서 뼈의 관절 역할을 하는 것이 바로 '은/는', '을/를', '에게' 등의 조사다. 가끔 조사가 많이 생략된 문장을 읽고 있으면 뼈의 관절이 닳아 없어진 것마냥 시리고 아프게 느껴진다.

다음 보고서 문장을 살펴보자.

□ 추진배경

　　ㅇ XX 기관 MRI 검사 여부 조회 불가능하여 의료 쇼핑 발생, 지급 불
　　　필요 경비 요구 증대

위와 같은 문장을 일명 '명사 뭉치기' 표현이라고 한다. 조사를 생략하고 명사만 연결해서 썼다는 의미다. 읽을 때마다 딱딱하고 불편해서 내용을 해석하는 데 어려움이 있다. 여러 번 읽고 나서야 비로소 그 의미를 이해할 수 있다. 다음과 같이 고쳐 쓰면 어떨까?

□ 추진배경

　　ㅇ XX 기관 MRI 검사 여부를 조회할 수 없어, 환자들이 추가적인 진료
　　　를 요구하는 의료 쇼핑과 불필요한 경비 지급 사례가 증가

조직에서 보고서를 쓰다 보면 상사들이 가장 많이 하는 피드백 중에 하나가 '간결하게 써라'이다. 이때 간결하게 쓰는 방법을 알지 못하는 많은 사람들이 가장 쉬운 방법을 선택하는 함정에 빠진다. 바로 문장에서 조사를 제거하고 명사로만 연결된 문장을 쓰는 것이다.

하지만 조사가 빠진 문장은 읽기 불편하다. 어딘지 모르게 부자연스럽고, 불친절하기까지 하다. 한마디로 상대방에게 쉽게 다가가는 문장이 아니다. 다음 두 문장을 비교해서 읽어보자.

9월 추경 추가 근무 수당 증액 미반영 시 무력시위 예정
→ 9월 추경에서 추가근무 수당이 증액되지 않으면 무력시위 예정

노동부 지난달 현장 조사 착수 불구 원인 미발견 향후 조치 불분명

→ 노동부가 지난달 현장 조사를 진행하였으나, 원인을 발견하지 못해 향후 조치가 불분명함

물론 사람에 따라 조사가 생략된 문장이 '간결하고 좋네'라고 생각할 수도 있다. 하지만 문장의 관절, '조사'가 생략된 문장은 어딘지 모르게 어색하고 이해하기 어려운 표현이라는 데 많은 전문가가 비판적인 목소리를 내고 있다.

특히 한두 문장이 아니라 보고서 전체를 명사 뭉치기로 도배해놓은 보고서를 보고 있으면, 머리가 지끈거리고 짜증이 밀려오기도 한다. 다음 보고서가 대표적인 케이스이다. 어느 정부기관 보고서 작성 실습에서 어느 교육생이 작성한 글이다.

□ 배경
  ○ 아동보호기관 대상 교육 매년 실시 중, 교육 방법 비대면 교육 한정 다수 민원 발생
  ○ 아동보호기관 학대 예방 담당자 역량 강화 위한 성공적인 대면 교육 방법 모색 고민 필요

정말 명사 뭉치기의 끝판왕이라고 할 수 있다. 보고서 내용 자체가 어렵지 않아 의미를 파악할 수는 있었지만, 다음과 같이 작성했다면 수요자 입장에서 한결 편하지 않았을까 하는 아쉬움이 남았다.

□ 배경
  ○ 아동보호기관을 대상으로 매년 교육을 실시하지만, 교육 방법이 비대면 교육에 한정되어 다수 민원이 발생함

○ 아동보호기관의 학대 예방 담당자 역량을 강화하기 위한 성공적인 대면 교육 방법을 제안하고자 함

물론 불필요한 조사가 반복적으로 사용되는 것은 경계해야 한다. 지나친 조사의 사용이나 반복은 문장의 질을 떨어뜨리고, 읽기에도 불편하며, 의미 파악도 어렵기 때문이다. 예를 들면 이런 식이다.

□ **매장 운영 방향**
  ○ 고객 동선 최소화와 대기 시간 감소를 위해 매장 안 입구에 키오스크를 설치를 함

위 문장에서는 목적격 조사 '-을/를'이 불필요하게 반복해서 사용되고 있고, 문법적으로도 맞지 않는다. 다음과 같이 고쳐 써야 한다.

□ **매장 운영 방향**
  ○ 고객 동선 최소화와 대기 시간 감소를 위해 매장 안 입구에 키오스크를 설치함

다음 문장에서도 불필요한 조사가 반복되고 있다.

□ **가입 절차**
  ○ 사용자의 프로필의 적합성 여부를 판단해서 승인 여부를 결정함

앞의 문장에서는 관형격 조사 '의'가 반복되고 있어 문장을 읽기에 불편하고 어색하다. 한쪽에서 '의'를 제거하고 쓰는 것이 좋다.

□ **가입 절차**
　○ 사용자 프로필의 적합성 여부를 판단해서 승인 여부를 결정함

보고서 문장 표현에서 불문율처럼 여기지는 말 중에 '말하듯이 자연스럽게 쓰라'가 있다. 우리는 보통 말을 할 때

"오늘 영희랑 영화 보러 가야겠다. 앱에서 티켓 예매해야지."
라고 하지,

"금일 영희 동반 영화 관람, 앱 티켓 예매 필요"
라고 딱딱하게 말하지 않는다. 말에서도 글에서도 지나친 조사의 생략은 문장을 딱딱하게 만들고 이해를 떨어뜨린다. 너무 많지도 너무 적지도 않게 적절한 조사를 사용해서 문장의 건강을 챙겨보자.

문장 기술 20

문장에 태그를 달면
상대방의 뇌가 편하다

옷에도 태그가 있듯이,
문장에도 태그를 달아주자

이번에는 일명 태그(Tag) 기술로 문장의 서두에 중요 단어를 괄호 안에 기술하고 문장을 전개하는 방식을 소개한다. 예를 들면 이런 구성이다.

> ☐ **(태그)** 문장 내용
> ☐ **(태그)** 문장 내용

이렇게 괄호 표현으로 문장의 서두에 의미가 있거나, 중요한 내용을 먼저 기술해주면 보고서를 읽는 상대방은 괄호 안의 단어를 먼저 인지하고 나머지 내용을 읽기 때문에 문장을 이해하기 쉽다. 상대방의 뇌를 조금은 편하게 해주는 방식으로 많은 사람들이 즐겨 쓴다. 특히 여러 문장이 병렬로 기술되어 있을 때 효과적이다.

□ 추진배경

　○ 상담사 연결이 필요 없는 자동 응답 시스템을 도입하여 고객 대기시
　　간 감소

　○ 단순 반복 문의 감소로 상담사는 자격/부과 등 전문적인 건강보험 상
　　담 업무에 집중

　일반적인 문장 표현보다 태그 기술을 사용한 다음 글을 볼 때 상대적으로
이해하기 쉽고 편안함을 느낄 수 있다.

□ 추진배경

　○ **(고객)** 상담사 연결이 필요 없는 자동 응답 시스템을 통해 대기시간
　　감소

　○ **(상담사)** 단순 반복 문의 감소로 자격/부과 등 전문적인 건강보험 상담
　　업무에 집중

　괄호 안에 문장의 주체가 되는 (고객), (상담사)를 먼저 인지하고 나머지
문장을 읽기 때문에 상대적으로 이해하기 쉽게 느껴진다.

　이때 괄호 안에 기술하는 내용은 주로 세 가지다.

1. 분류 기준

2. 순서/절차적인 개념

3. 핵심 문구/키워드

먼저 분류 기준을 이용한 예시를 살펴보자.

□ **디지털 약자의 공공서비스 활용도 제고**
   ○ 민원 창구에서 공무원의 민원처리 대행 업무를 시행하여 무인 서비스
     기기 접근성을 제고하고 안내판 부착 등으로 오프라인 창구 서비스
     개선 추진
   ○ 온라인 기차표 예매, 금융 앱 활용, 키오스크 주문 등 비대면 서비스
     기기 활용 방법 등의 교육 시행

위 글보다 다음 글이 이해하기에 좀 더 편하다.

□ **디지털 약자의 공공서비스 활용도 제고**
   ○ **(오프라인)** 민원 창구에서 공무원의 민원처리 대행 업무를 시행하여
     무인 서비스 기기 접근성을 제고하고 안내판 부착 등으로 창구 서비스
     개선 추진
   ○ **(온라인)** 기차표 예매, 금융 앱 활용, 키오스크 주문 등 비대면 서비스
     기기 활용 방법 등의 교육 시행

괄호 안에 '오프라인'과 '온라인'이 머릿속에 태그가 된 후, 문장을 읽으면 조금 더 이해하기 쉽기 때문이다.

두 번째는 순서/절차적인 개념을 적용한 예시다. '일'은 대부분 절차가 있고 시계열로 진행되는 경우가 많다. 이때 순서/절차를 나타내는 태그를 활용해서 여러 문장을 나열해주면 상대방이 이해하기 쉬운 표현이 된다.

□ 해결책

  ○ **(예방)** 인터넷, SNS, 24시간 상시 범죄 모니터링 구축으로 마약 유통 사전 차단

  ○ **(조치)** 초·중·고 대상 마약 예방 교육을 강화하고 마약 소지 및 복용 적발 시 엄중한 처벌 시행

  ○ **(사후)** 청소년 마약보호 센터를 수립하여 5년간 청소년 마약사범 관리·감독

해결책을 예방, 조치, 사후 세 가지 절차로 구분하고, 태그 표현을 사용했다. 혹시 시간이 있다면 태그를 지우고 비교해서 읽어봐도 좋다. 아마 태그의 효과를 제대로 체감할 수 있을 것이다.

마지막으로 문장의 핵심 내용이나 키워드를 적용하는 방법이다.

□ 과제

  ○ **(도구 지원)** 개인 체형에 맞고 근골격계 통증을 방지하는 개인별 맞춤 보조 도구 지급

  ○ **(운동 교육)** 전문 인력을 통한 상담 및 스트레칭 교육 실시

태그를 사용할 때 꼭 괄호만 사용하는 것은 아니다. 경우에 따라 콜론(:)을 쓰거나 도형으로 표현하는 것도 가능하다.

□ 과제

  ○ **도구 지원:** 개인 체형에 맞고 근골격계 통증을 방지하는 개인별 맞춤 보조 도구 지급

> ○ **운동 교육:** 전문 인력을 통한 상담 및 스트레칭 교육 실시

　태그 표현이 유용한 것은 사실이다. 하지만 무턱대고 사용해서는 안 된다. 세 가지 주의 사항을 정리해두었으니 보고서 작성에 참고하자.

1. 태그 표현은 일관성 있게 한다

> □ **(콘텐츠 개발)** 본문 내용
> □ **(시설)** 본문 내용

　위 항목에서 '콘텐츠 개발'과 '시설'은 일관성이 결여된 표현이다. '시설'을 '시설 확충'으로 바꾸든가, '콘텐츠 개발'을 '콘텐츠'로 변경해서 일관성 있게 쓰는 것이 좋다.

> □ **(콘텐츠 개발)** 본문 내용
> □ **(시설 확충)** 본문 내용

2. 너무 길지 않게 표현한다

> □ **(교육 관련 콘텐츠 도입과 개발)** 본문 내용
> □ **(낙후되고 오래된 시설 교체)** 본문 내용

앞과 같이 표현하는 것은 태그 표현의 본질은 모르고 형식만 취한 꼴이다. 태그 표현은 상대방이 이해하기 쉽게 하는 것이 본질이다. 태그를 너무 길게 쓰면 그 의미가 퇴색된다. 태그는 한눈에 읽기 쉽도록 단어, 짧은 문구로 표현하는 것이 좋다.

3. 문장의 내용과 중복되지 않게 쓴다

> ☐ **(콘텐츠 개발)** 뉴미디어와 최신 교육 트렌드를 반영한 콘텐츠 개발
> ☐ **(시설 확충)** 대규모 강의와 쌍방향 소통이 가능한 교육 시설 확충

앞서 간결한 문장의 기술에서 한 문장 안에 같은 단어가 중복되는 것은 피하는 것이 좋다고 설명한 바 있다. 위와 같이 쓰면 괄호 안에 단어를 썼다 뿐이지 결국 중복되는 표현이다. 다음과 같은 형태로 고쳐 쓸 것을 추천한다.

> ☐ **(콘텐츠 개발)** 뉴미디어와 최신 교육 트렌드를 반영한 학습
> ☐ **(시설 확충)** 대규모 강의와 쌍방향 소통이 가능한 환경 설계

옷가게에 가면 옷의 소재나 디자인을 전체적으로 살펴보기 전에 옷에 붙어 있는 태그를 손에 집어들기 마련이다. 마음에 드는데 가격이 비싸거나 크기가 맞지 않으면 낭패를 볼 수 있기 때문이다. 태그에서 핵심 정보를 확인하고 나면 불안한 마음이 사라지고, 마음이 편해지면서 옷을 살펴보는 데 도움이 된다. 마찬가지로 보고서를 보는 상대방에게도 같은 느낌을 전해 보는 것은 어떨까? 문장 앞에 붙은 태그 하나로 상대방은 좀 더 쉽게 문장을 읽을 것이다.

문장 기술 21

구와 절을 잘 이어야
문장이 매끄럽다

'구'와 '절'의
잘못된 만남

문장을 읽다 보면 의미를 파악하는 데는 아무 문제가 없지만, 어딘지 모르게 읽기 불편한 문장이 있다. 예를 들면 다음과 같은 문장이다.

• 보고서를 잘 쓰려면 많은 독서를 하고, 꾸준한 글쓰기 연습이 필요하다.

잘못된 점을 쉽게 발견하기 어려울 것이다. 위 문장의 오류를 이해하기 위해서는 구와 절의 차이를 이해해야 하기 때문이다. 구와 절은 모두 두 단어 이상으로 이루어진 것을 의미하는데, 둘의 차이는 '술어'의 유무로 구분한다.

• 보고서를 잘 쓰려면 <u>독서를 많이 하고</u>, <u>꾸준한 글쓰기 연습</u>이 필요하다

앞 문장에서 '많은 독서를 하고'는 술어가 포함된 절로 표현되어 있고, 뒤 문장에서 '꾸준한 글쓰기 연습'은 구로 표현되어 있다.

문장 자체만 보면 의미 전달에는 문제가 없고, 문법적인 오류도 딱히 없다. 하지만 좀 더 자연스러운 표현으로 상대방에게 편안함을 주기 위해서 약간의

노력은 필요하다. 다음과 같이 구 또는 절로 일관성 있게 결을 맞춰서 표현하는 것이다.

'구'로 통일해서 쓰면

- 보고서를 잘 쓰려면 <u>많은 독서</u>와 <u>꾸준한 글쓰기</u> 연습이 필요하다.

'절'로 통일해서 쓰면

- 보고서를 잘 쓰려면 <u>독서를 많이 하고</u>, <u>글쓰기 연습을 꾸준히 해야 한다.</u>

구와 절을 섞어 쓴 앞의 문장과 비교해서 읽어보면 좀 더 자연스러운 문장 형태가 되는 것을 알 수 있다.

그럼 본격적으로 보고서에서 발견되는 구와 절 혼용 표현을 살펴보자.

---

3. 협업 체계 구축
- □ 협력적인 노사 관계를 구축하기 위해서는 <u>노사 간 신뢰 회복</u>과 <u>제도를 정비하는 것</u>이 필요함
- □ 노사가 분기에 1회 정기적으로 만나 <u>정보 교류</u>와 <u>친목을 도모</u>해야 함

위 문장 역시 틀렸다고 보기 어렵지만, 왠지 모를 불편함이 몰려온다. 구나 절로 일관성 있게 고쳐보자.

'구'로 통일해서 쓰면

---

3. 협업 체계 구축
- □ 협력적인 노사 관계를 구축하기 위해서는 <u>노사 간 신뢰 회복</u>과 <u>제도</u>

정비 필요

☐ 노사가 분기에 1회 정기적으로 만나 정보 교류와 친목 도모 진행

'절'로 통일해서 쓰면

3. 협업 체계 구축

☐ 협력적인 노사 관계를 구축하기 위해서는 노사 간 신뢰를 회복하고 제도를 정비하는 것이 필요함

☐ 노사가 분기에 1회 정기적으로 만나 정보를 교류하고 친목을 도모함

아마 이쯤에서 '보고서 내용 채우기도 바빠 죽겠는데, 이런 것까지 신경 써야 해?'라는 생각을 하는 사람이 있을지 모르겠다. 이런 생각이 든다면 프롤로그에서 언급한 철학자 파스칼의 말을 떠올려보기 바란다.

"사소한 일이 우리를 위로한다. 사소한 일이 우리를 괴롭히기 때문이다."

블레즈 파스칼(Blaise Pascal)

한 문장에서 '구'와 '절'은 만나서는 안 될 사이다. 둘의 잘못된 만남을 경계하고, 일관성 있게 쓰려는 사소한 노력이 필요하다. 그 사소함으로 내 문장의 완성도는 올라가고 상대방의 이해력 또한 올라갈 수 있음을 명심하자.

비교와 비유로 내용을 쉽게 전달하자

피부에 비비크림을 바르듯
문장에는 '비'교와 '비'유

요즘 왠만한 남성들은 얼굴에 바른다는 비비크림. 사실 피부가 좋다면 바르지 않아도 되고, 피부가 좋지 않은들 꼭 발라야 할 의무도 없다. 스킨과 로션만으로 충분하다. 한마디로 있으면 좋지만 없어도 그만인 게 비비크림이다. 하지만 비비크림 하나로 5년은 젊어 보이고 사람들에게 좋은 인상을 줄 수 있다면 잠깐의 수고쯤이야 감내할 만하다고 생각한다.

피부에 바르는 비비크림처럼 보고서 문장에 없어도 그만이지만, 있으면 좋은 표현이 바로 보고서계의 비비크림, 비교와 비유다.

1. 비교의 기술

먼저 비교는 좀 더 쉽게 의미를 전달하기 위해 상대방에게 해석의 준거를 제시하여 설명하는 방식이다. 단순히 수치만 제시하는 것보다 그 의미가 명확하게 전달된다. 예를 들어 이런 식이다.

□ **지역별 프랜차이즈 현황**

　ㅇ A 지역 감자탕집은 네이버 평점 4.2점으로 매우 높은 만족도를 기록함

보고서에서 이 문장을 읽는다면 자연스레 머릿속에 이런 생각이 자리한다.

'4.2점이 진짜 높은 건가?'

왜 이런 생각이 들까? '4.2점'을 해석할 수 있는 준거가 없기 때문이다. 이때 '4.2점'을 해석할 수 있는 준거를 마련하고, 비교해 표현하면 문장의 의미가 선명해지면서 상대방이 쉽게 이해할 수 있다. 비교는 평균, 경쟁, 전년 등으로 다양하게 표현할 수 있으며, 작성자의 의도에 맞게 선택적으로 활용하면 된다.

- A 지역 감자탕집은 네이버 평점 4.2점으로 전국 평균 3.9점에 비해 매우 높은 만족도를 기록함
- A 지역 감자탕집은 네이버 평점 4.2점으로 경쟁사 대비 0.2점 높게 나타남
- A 지역 감자탕집 만족도는 전년 대비 10% 향상된 4.2점(네이버 평점)으로 지속 증가하고 있음

수치는 그 자체적으로 추앙받아야 마땅하지만, 그 수치가 좀 더 의미를 가지려면 비교 표현이 효과적일 때가 있다. 다음 보고서 내용을 보자.

□ **서비스 특장점**

　ㅇ A 서비스 이용료는 5천 원/월이고, 10만 장의 사진을 무료로 다운로드 가능

앞 문장에서는 사실적인 의미밖에 드러나지 않는다. 하지만 이 말을 한 사람의 의도는 결국 우리 회사 서비스 이용료는 저렴하고 많은 사진을 이용할 수 있다는 것이다. 그럼 어떻게 표현하는 것이 좋을까?

○ A 서비스 이용료는 타사 6천 원/월 대비 5천 원/월로 저렴하며, 타사보다 2만 장이 많은 10만 장의 사진을 무료로 다운로드 가능

물론 문장이 좀 길어지는 단점은 있지만, 그 단점을 충분히 극복하고도 남을 만큼 의미 있는 표현이 만들어진다.

고수들이 쓴 보고서를 보면 비교 표현이 많이 발견된다. 연도별, 경쟁사, 목표 등으로 비교해 수치의 의미를 좀 더 명확하게 표현한다.

□ **현황 및 문제점**

○ 2023년 국내 항우울제 처방률은 OECD 평균과 제외국 대비 높은 수준으로, 그 심각성을 인지하고 개선 방안을 마련해야 함

구분	한국	OECD 평균	미국	프랑스	영국	스웨덴
처방률(%)	42.4	30.0	26.3	31.2	23.0	8.6

뉴스나 기타 언론에서도 수치의 의미를 좀 더 쉽게 이해할 수 있도록 비교 표현을 자주 활용한다.

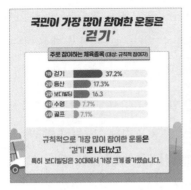

질병관리청과 문화체육관광부에서 제작한 비교 방식의 그래픽 자료*

2. 비유의 기술

비교와 쌍벽을 이루는 두 번째는 기술은 비유다. 비유는 상대방이 이미 알고 있는 것에 빗대어 표현하는 방식으로, 비유의 위대함과 관련해 아리스토텔레스는 일찍이 이런 말을 한 적이 있다.

> "가장 위대한 일은 비유의 대가가 되는 일이다."
>
> 아리스토텔레스(Aristotle)

쉽지는 않지만, 그만큼 좋은 방법이라는 뜻이다.

---

* (오른쪽) 무더운 여름 온열질환을 조심하세요!, 질병관리청, 2024년 5월, 대한민국 정책브리핑, 출처: https://www.kdca.go.kr/gallery.es?mid=a20503010000&bid=0002&list_no=146552&act=view
(왼쪽) 국민이 가장 많이 참여한 운동은?… 2023년 국민생활체육조사 결과, 문화체육관광부, 2024년 1월, 대한민국 정책브리핑, 출처: https://www.korea.kr/multi/visualNewsView.do?newsId=148924732

비유를 활용하면 구구절절 복잡한 내용을 한마디로 압축하며, 상대방에게 간결하면서도 의미 있는 메시지를 전달할 수 있다. 보고서에서 핵심 내용이나 콘셉트, 추진 방향 등을 기술할 때 많이 쓴다.

이와 관련해서 대한민국 역사상 가장 완벽한 비유로 손꼽히는 일화가 있다. 바로 전라북도 임실군에서 치즈 산업을 일궈낸 지정환 신부님의 비유다. 먼저 시간을 거슬러 신부님이 처음 치즈 산업을 시작한 1960년대로 돌아가보자. 먹고 살기도 고달팠던 그 시절, 마을 사람 그 누구도 피자는 구경도 못했고, 치즈의 '치'자도 몰랐다. 그런 사람들을 설득해서 치즈 산업에 동참시키기까지 얼마나 힘들었을지 짐작조차 가지 않는다. 이때 신부님이 치즈의 특성과 효과를 이렇게 설명했다면 어땠을까?

"치즈는 발효 식품으로, 우유 속에 있는 카세인을 뽑아 응고·발효시킨 식품입니다. 치즈에는 단백질, 지방, 비타민이 많이 들어 있으며…."

보지 않아도 마을 강당에 모인 사람 반 이상이 졸고 있는 모습이 상상된다. 그때 지정환 신부님은 이런 표현으로 마을 사람들을 설득했다고 한다.

"한마디로 치즈는 우유로 만든 두부입니다."

마을 사람이 모두 알고 있을 법한 정보 '우유'와 '두부'에 빗대어 표현한 멋진 비유라고 생각한다.

최근 TV 관찰 예능 프로그램에서도 기가 막힌 비유를 접한 적이 있다. 어떤 연예인이 결혼 정보 회사를 찾은 장면이었는데, 키, 학력, 연봉 등은 단답형으로 잘 답하다가 이상형을 설명하는 대목에서 갑자기 말이 많아지고 길어지기 시작했다.

"그러니까 제 이상형은 키는 적당했으면 좋겠고, 머리는 긴 생머리가 좋습니다. 성격은 어쩌구 저쩌구, 애교는 좀 있었으면 좋고….'

답답함이 철철 넘치는 표현 방식이다. 채널을 돌리려는 찰나, 상담 매니저가 이렇게 치고 나온다.

"그러니까 한마디로 트로트 가수 홍진영 씨 같은 분이네요."

이보다 쉬운 설명이 있을까? 수십 단어의 문장을 비유적인 한 문장으로 정리해버렸다. 결혼 정보 회사를 찾은 출연자도, 패널도, 시청자도 모두가 명쾌해지는 순간이었다.

보고서에서도 기가 막힌 비유는 상대방의 이해를 돕고, 강력한 한 방을 날릴 수 있는 효과적인 표현이다. 다음 예시를 보자.

□ **특성**
  ○ 판교는 한국의 실리콘밸리로 IT, AI, 소프트웨어 등 다양한 분야의 스타트업 기업들이 입주해 있음

□ **프로그램 특징**
  ○ 참가자 전체가 1박 2일 동안 교육을 받고, 1인 1기획서를 완성해야 연수원을 탈출할 수 있는 '실미도' 콘셉트의 프로그램

□ **사업 내용**
  ○ 중구난방 다양한 정보를 공유하는 플랫폼이 아니라, 다윗이 골리앗에게 던진 돌멩이처럼 합격 정보만 공유하는 플랫폼

실리콘밸리, 실미도, 다윗의 돌멩이 등으로 비유하는 표현을 써서 전체 보고서 내용을 보지 않더라도 무엇을 이야기하고자 하는지 쉽게 전달되는 효과가 있다.

비교와 비유 표현은 보고서는 물론, 대화에서도 굉장히 효과적인 방식이다. 관련해서 명언 제조기로 유명한 작사가 김이나 씨의 멋들어진 비유 표현 몇 가지를 예시로 들어본다.

> "어떤 사람과 연애를 할 때 과거사는 혓바늘과 같아서 건드려서
> 좋을 게 없는데…"
> "연애 감정은 민들레 홀씨처럼 언제 어디에서 싹틀지 모른다."
> "저 사람은 멀티탭 같은 사람이네요.
> 여러 사람에게 에너지를 줄 수 있는 능력이 있네요."

재미도 있고, 의미도 있고, 간결하기까지 한 비유 표현을 마다할 이유가 없다고 생각한다. 내 말과 글의 수준을 높이고 싶다면 비교와 비유 표현을 적극적으로 활용해보자. 비비크림은 얼굴에만 바를 일이 아니다. 보고서에도 비비크림 한 점 찍어 발라서 문장에 생기가 돌게 만들어보자.

운율을 맞춘 보고서는
잘 읽히고 기억하기도 쉽다

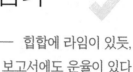

힙합에 라임이 있듯,
보고서에도 운율이 있다

예전에 SNS에서 재미있는 네 컷 만화를 본 적이 있다. 그림까지 함께 보여 주면 좋겠지만, 어디서 봤는지 기억이 나질 않아 생각나는 내용만 개략적으로 옮겨보았다.

1컷: 한때 힙합을 하던 나
2컷: 지금은 쥐고 있지 마이크 대신 펜
3컷: 가끔 힙합이 보고서 작성에 되기도 하지, 도움
4컷: 경쟁사 XX 매출 증가, 그로 인해 자사 XX 증가, 대응 위해 ○○ 추가

짧은 만화였지만, 굉장히 재미있고 인상적이었다. 특히, 마지막에 만화 속 주인공이 '가', '가', '가'로 라임을 맞추면서 보고서를 쓰는 장면이 백미였다. 짧은 문장이지만, 왠지 모르게 리듬감이 생기면서 읽기도 편하고 기억에도 오래 남는다. 사람들이 괜히 힙합에 열광하고 따라 부른 게 아닌 듯싶다.

이런 방식은 광고에도 많이 등장한다. 여러 광고가 있지만, 출근길에 옥외 광고로 접했던 비타민 광고 'B맥스'가 인상적이었다.

피로 회복, B로 회복

'로'라는 라임을 맞춰서 인상적인 표현을 만들어냈다. 지나가는 길에 슬쩍 본 광고임에도 오랫동안 기억에 남았다.

오래된 잇몸 약 광고에도 비슷한 표현이 나온다. 관심 있게 보지 않았고 기억하려 노력하지 않았지만 아직까지 뇌리에 강하게 남아 있는 표현이다.

씹고, 뜯고, 맛보고, 즐기고

이런 표현은 보고서에도 그 힘을 유감없이 발휘한다. 물론 진중하고 현실적인 이야기를 담아내는 보고서에 라임이 웬 말인가 할 수도 있다. 하지만 보고서가 꼭 진지해야 한다는 법은 그 어디에도 없다. 또한 소통이라는 맥락에서 생각해봤을 때 운율 표현을 통해 잘 읽히고, 기억하기 쉬운 표현을 만들어낸다면 꽤 효과적이라고 생각한다. 다음 예시를 보자.

□ 밀레니얼 시대를 대비한 '20년 경영 전략
  ○ (세계로) 국내 화학 산업 인프라를 기반으로 중동/아시아 시장 진출
  ○ (미래로) 인공지능을 활용한 신사업 개발로 미래 성장 동력 확보
  ○ (고객으로) 소비자 관찰과 경험을 토대로 제품과 서비스 개선

앞서 소개한 태그(괄호 표현)에 더해 운율까지 맞춘 표현으로 인상적인 보고서가 만들어졌다. 다음 보고서도 '화', '화', '화'로 운율을 더해 잘 읽히고 기억하기 쉬운 표현을 만들어냈다.

□ **신규 서비스 개선 방안**
- **(안정화)** 기존 서비스 체계 고객 설문 조사를 기반으로 개선 시행
- **(고도화)** 타 기관 및 유사업종 자료 조사 후 적용 방안 도출
- **(최신화)** AI, NFC 기술 등을 적용한 고객 편의 기능 추가

다음 보고서는 취업 준비생에게 실제 합격자의 후기를 공유하는 정보 공유 플랫폼의 특징을 소개한 보고서이다. '다', '다', '다'로 운율을 맞춘 재미있는 표현이 인상적이다.

□ **서비스 특징**
- **한 놈만 팬다**
  다양한 정보가 아닌 합격 정보만 취급해서 전문성 확보
- **신선한 것만 취급한다**
  오래된 정보, 트렌드에 맞지 않는 정보가 아니라 1년 이내 최신 정보만 취급
- **최저가로 승부한다**
  시장 가격 대비 최저가로 취업 준비에 부담이 없는 금액으로 서비스 제공

파워포인트 보고서에도 운율을 맞춘 표현은 자칫 보고서를 보며 지루할 수 있는 상대방의 뇌에 재미를 더하고, 강력한 인상을 남길 수 있다.

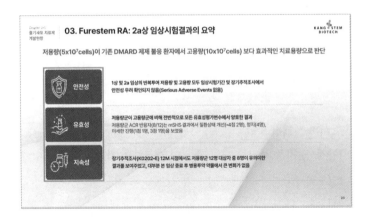

오래전 KBS 〈개그콘서트〉에 '용감한 녀석들'이라는 코너가 있었다. 일종의 음악 개그였는데, 힙합을 모티브로 사회 부조리를 비판하며 웃음을 자아내던 코너였다. 이 코너의 주제곡이자 많은 사람들이 좋아했던 가사로 이번 내용을 마무리한다.

한숨 대신 함성으로
걱정 대신 열정으로
포기 대신 죽기 살기로

의미 있는 가사와 '로'를 반복하는 운율 표현으로 많은 사람들에게 사랑받았던 노래다. 운율을 지나치게 사용하면 독이 되겠지만, 적절한 곳에 사용한다면 보고서가 더욱 쉽고 재미있게 느껴질 것이다. 상사의 입에서 한숨 대신 함성이 터져 나오는 일도 벌어지지 않을까 기대해볼 수 있을 것이다.

문장 기술 24

표현의 일관성과
줄임말의 사용

──────────────── '아아'와 '아이스 아메리카노'의
차이에 주목하자

얼마 전 적지 않은 나이에 카페에서 아르바이트를 시작한 장모님에게 재미 있는 에피소드를 들은 적이 있다. 어느 젊은 손님이 주문하는데 이렇게 이야기 했다는 것이다.

"아아 한 잔이랑, 아이스티 한 잔 주시고요. 아이스 아메리카노에는 시럽 넣 어주세요."

당황한 장모님이 이렇게 되물었다고 한다.

"그럼 총 세 잔이지예?"

장모님보다 더 당황한 손님이 이렇게 말했다고 한다.

"아뇨. 두 잔이요. 아아에 시럽 넣어달라고요."

적잖이 당황했을 장모님 모습이 생각나면서 왠지 짠하기도 했고, 문득 그 손님이 살짝 원망(?)스럽기도 했다. 가족 편을 드는 것이 아니라, 하나의 사물을 지칭하는 단어를 이래저래 바꿔 쓴 잘못 때문이다.

물론 일상에서 단어를 바꿔 쓰는 것은 크게 문제가 되지 않는다. 말로 부연 설명을 하거나 질문해서 확인하면 그만이다. 하지만 한 번 전달되면 별도 설명 없이 단박에 이해되어야 하는 보고서에서 단어를 바꿔서 사용하는 것은 치명적인 실수라고 할 수 있다. 정말 기초 중의 기초이고, 기본 중의 기본이지만 보고서에서 꽤 많이 발생하는 실수다.

예를 들어보자. 어떤 보고서 첫 장에는 '스마트폰 사용량이'라고 했다가 두 번째 장에서는 '휴대전화 사용을 자제하고'라고 했다가, 마지막에 가서 '핸드폰 사용 규제가'라고 작성했다. 물론 전체적인 내용을 이해하는 데는 문제가 없을 것이다. 하지만 디테일하게 파고드는 상사라면 이런 질문이 날아올 것이다.

"스마트폰이랑 휴대전화는 뭐가 다른 거지? 같은 거야 다른 거야? 핸드폰은 또 뭐야? 하고 싶은 이야기가 뭐야?"

나와 상대방은 기본적으로 지식 체계나 생각하는 방식이 다르다. 내 지식으로는 스마트폰, 휴대전화, 핸드폰 모두 한 가지 대상을 가리키지만 상대방은 각각 다른 대상을 떠올릴 수 있다. 상대방이 오해하지 않게 '스마트폰'이라는 단어 하나로 통일해 쓰는 것이 좋다.

본격적으로 보고서에서 나온 실수도 살펴보자.

신규 입사자 기초교육 운영안

□ 교육 방향

> ○ 신입 사원 입문 교육은 집합 교육을 기본으로 온라인 학습을 병행한 블렌디드 러닝으로 진행함
>
> (중략)
>
> □ **세부 내용**
> ○ 신입 사원 과정에서 개발하는 역량은 마인드셋, 창의력, 열정을 기초로 다음과 같이 진행함

제목, 방향, 세부 내용에서 교육명을 각기 다르게 사용하고 있다. '신규 입사자 기초교육', '신입 사원 입문 교육', '신입 사원 과정'이 모두 다른 교육이 아니라면 한 가지 용어로 통일해서 쓰는 것이 좋다. 비슷한 맥락으로 한 보고서 안에서 외래어와 한글을 혼용하는 실수도 발견된다.

> ○ 카메라 시장 마켓 셰어를 증대하기 위해서 A, B 시장을 적극 공략해야 함
> ○ 시장 점유율은 1.5% 증가할 수 있고, 직원들에게 인센티브 지급 가능
> ○ 성과급 폭은 매출 증가율의 10% 이내에서 결정함

이런 보고서 읽는 사람은 머릿속이 복잡해질 수밖에 없다. **'마켓 셰어를 증대한다**고 했는데, 갑자기 **시장 점유율이 증가한다**는 것은 무슨 뜻이지? **인센티브**랑 **성과급**은 같은 거야, 다른 거야?'라는 생각이 들지는 않을까 고려해야 한다.

마지막으로, 긴 단어를 임의로 줄여 쓰는 것도 지양해야 한다.

□ **데이터 능력 향상 방안**

   ○ 정부 통합 전산센터에서 추진하는 데이터 리터러시 향상 교육은 전직원을 대상으로 데이터를 해석하고 시각화하는 능력을 향상하는 데 주목적이 있음

   ○ 전산센터는 교수자, 교육장, 일정 등을 확정한 후에 교육 2주 전 사내 게시판에 공지를 하고 신청자 접수를 진행함

갑자기 '정부 통합 전산센터'가 '전산 센터'로 이름을 바꾼 것인지 아니면 교육 주체가 두 곳인지 하는 해석의 오류를 주지 않기 위해서는 한 단어로 통일해서 쓰는 것이 좋다. 단어가 길어 줄여 쓰고자 한다면 '(이하 전산센터라고 함)'과 같이 표기하고 줄이면 된다.

하나의 보고서에서 지칭하는 대상 A가 갑자기 A'나 A" 혹은 B로 바뀐다면 상대방이 보고서를 이해하는 데 어려움이 생긴다. 우리가 어렸을 때 즐겨 부르는 노래 '하나면 하나지, 둘이겠느냐'처럼 '하나'라는 단어는 '하나'로 일관되게 써야 한다.

판교어의 오류,
외래어 사용 주의사항

영어도 아니고 국어도 아닌 판교어,

제대로 알고 쓰자

일명 '판교어(체)'라는 말이 있다. 학생들이 자주 쓰는 어투를 '급식어(체)'라고 하는 것처럼 IT 기업이 많이 모인 판교 직장인이 많이 쓰는 어투를 대표하는 말이다. 예를 들면 이런 표현이다.

"금번 미팅에서 활발하게 아이데이션하고, 미팅 결과 잘 디벨롭해서 올 한해 제대로 된 퍼포먼스 내보자고!"

영어도 아니고 한국어도 아니고, 그렇다고 있어 보이는 말투도 아닌 것이 어딘지 모르게 부자연스럽다. 물론 조직의 상황이나 특성에 따라 외래어, 외국어를 주로 사용하거나 섞어서 쓰는 경우도 있다. 하지만 조직의 특수성을 제외하면 가급적 외래어를 우리말로 변형해서 쓸 것을 추천한다.

클라이언트사의 니즈에 부합하는 크리에이티브한 콘셉트 마련이 필요함
→ 고객사 요구에 부합하는 창의적인 콘셉트 마련이 필요함

최근 조직 문화 트렌드는 세대 간 하모니를 중시한다는 점이다.

→ 최근 조직 문화는 세대 간 조화를 중시하는 경향이 있다.

금번에 발족한 TF팀은 중장기 마스터 플랜을 수립하고, 익스큐션하는 역할까지 하는 것이 R&R임

→ 이번에 신설한 추진단은 중장기 사업계획을 수립하고, 실행까지 담당하는 역할과 책임이 있음

　　좀 더 심각한 경우는 영문 축약어를 별도의 설명 없이 그대로 기술하는 것이다. 아는 사람이야 알겠지만, 모르는 사람 입장에서는 물어보기도 민망하고 난감한 경우가 많다. 상대방을 배려하는 마음으로 다음 두 가지 원칙을 유념해서 쓰는 것이 좋다.

　　첫째, 우리말로 표현이 가능한 경우, 먼저 우리말로 쓴 뒤에 괄호 안에 영문 축약어를 병기한다. 첫 문장에만 이렇게 쓰고 그 후 등장하는 문장에서는 영어만 표기해도 된다.

> ❏ 한국게임산업협회(K-GAMES)의 설립 목적은 한국 게임 산업의 상향 평준화와 한국 게임의 세계화에 있음
>
> ❏ K-GAMES는 향후 한국 게임 산업 발전 방향에 대해 3대 정책을 추진함

　　둘째, 우리말 표현이 불가능한 경우, 영문 축약어를 쓴 후 괄호 안에 전체 단어를 풀어서 쓴다.

12월 임원회의에서 QPR은 사장님이 직접 발표할 예정임

→ 12월 임원회의에서 QPR(Quarterly Performance Review)은 사장님이 직접 발표할 예정임

때로는 외래어나 전문용어를 설명하기 위해 각주를 활용하기도 한다. 문장의 흐름에 방해되지 않고, 문장 뒤에서 친절한 설명을 이어가는 방식이다. 앞서 설명한 것과 같이 각주는 * 기호로 표기하며 한 문장에 각주가 두 개인 경우 *, **로 표기하면 충분하다. 또한 본문과 구분하기 위해 서체를 다르게 사용하며, 통상적으로 중고딕체를 사용한다.

> ☐ 초등학교 1학년생은 입학 초(3월) 조기 하교로 돌봄 공백이 발생하여, 이에 대처하기 위한 집중 에듀케어(Educare) * 프로그램 도입이 시급함
>
> * 인공지능, 예체능 등을 활용한 미래형 방과후 프로그램

물론 모든 외래어를 우리말로 대체하자는 뜻은 아니다. 가급적 쉬운 표기로 바꿔 쓰자는 것이 핵심이다. 또한 우리말처럼 자리잡은 외래어도 표준화된 표기를 따르는 것이 좋다. 보고서에서 발견되는 주요 오류 표기를 다음과 같이 정리했으니 참고하기 바란다.

메세지 → 메시지	아울렛 → 아웃렛
리더쉽 → 리더십	카달로그 → 카탈로그
팀웍 → 팀워크	팜플렛 → 팸플릿
토탈 → 토털	화일 → 파일
로얄 → 로열	플랭카드 → 플래카드
매니아 → 마니아	스크랩 → 스크랩
마켙 → 마켓	메뉴얼 → 매뉴얼

스케쥴 → 스케줄	프리젠테이션 → 프레젠테이션
워크샵 → 워크숍	리모콘 → 리모컨
로보트 → 로봇	뱃지 → 배지
컨셉 → 콘셉트	에어콘 → 에어컨
타겟 → 타깃	발란스 → 밸런스
캐비넷 → 캐비닛	라이센스 → 라이선스
카달로그 → 카탈로그	쥬니어 → 주니어
멤버쉽 → 멤버십	알콜 → 알코올
렌트카 → 렌터카	페스티발 → 페스티벌
세레머니 → 세리머니	후라이팬 → 프라이팬
나레이션 → 내레이션	바베큐 → 바비큐
윈도우 → 윈도	쥬스 → 주스
셋팅 → 세팅	쉐프 → 셰프
데이타 → 데이터	부페 → 뷔페
콘테이너 → 컨테이너	까페 → 카페
컨테스트 → 콘테스트	

아마 이 가운데 익숙하지 않기에 어색한 느낌이 드는 단어도 여럿 있을 것이다. 짜장면을 자장면이라고 쓰는 것이 아직까지 어색한 것처럼 말이다.

하지만 이런 말들을 일정한 규칙 없이 제각각 사용하면 언어생활에 혼란이 생길 수도 있다. 언어는 약속이다. 외래어에도 약속이 필요하다. 가급적이면, 한국어 어문 규범에 포함된 외래어 표기 규범을 숙지하고 하나씩 고쳐 쓸 것을 추천한다.

쉬운 표현이 더
나을 때도 있다

심심한 사과를 하지 않으려면,
가급적 쉬운 표현으로 쓰자

예전에 한 업체가 올린 사과문이 논란이 된 적이 있었다.

○○ 사인회 예약이 완료되었습니다. 예약 과정 중 불편을 끼쳐드린 점에 대해 다시 한번 심심한 사과 말씀드립니다.

업체는 '마음을 표현하는 정도가 매우 깊고 간절하다'라는 의미로 '심심한' 사과라고 썼는데, '심심한'의 의미를 '재미가 없다'로 오해한 일부 어린 고객들이 이런 댓글을 단 것이다.

'나는 하나도 안 심심한데?', '사과하는데 심심하게 한다고?'

업체 입장에서는 고민하고 또 고민해서 격식을 차린 표현을 사용했지만, 사람에 따라 '심심한'이라는 한자 표현이 어렵게 느껴지는 장면이었다. 상대방의 어문 지식을 나무라기보다는 상대 입장에서 좀 더 쉽게 썼다면 어땠을까 하는 생각도 들었다.

○○ 사인회 예약이 완료되었습니다. 예약 과정 중 불편을 끼쳐드린 점에 대해 다시 한번 깊은 사과 말씀드립니다.

비슷한 예로 일상 생활 속 아무렇지 않게 사용되는 어려운 한자 앞에 당황하거나, 의미를 찾아보기 위해 검색창을 여는 수고를 해야 하는 경우가 있다. 쉬운 예로 지하철 2호선을 탈 때마다 듣는 안내 방송이다.

- 지금 내선 순환 열차가 들어오고 있습니다.

지하철 2호선에 위치한 학교를 4년간 다니고, 지하철 2호선 역 근처에 있는 회사를 10년 다녔는데도 내선 순환, 외선 순환은 지금까지 한 번에 이해되지 않는 말이다. 물론 주의 깊게 듣지 않고, 이해하려는 노력이 부족해서라고 할 수도 있지만, 그 전에 용어 자체가 너무 어려운 탓이 아닐까 생각해본다. 좀 더 쉽게 이렇게 안내하는 것은 어떨까?

- 지금 시계 방향으로 가는 열차가 들어오고 있습니다.

가끔 자주 가는 편의점에서도 비슷한 상황이 벌어진다.

"저기, 여기 A 음료는 안 보이네요."

"아. *그거 선입선출 하느라 뒤로 밀려 있을 거예요.*"

"선입선출이요?"

그냥 '물건 채워 넣느라 뒤로 밀려서 그래요'라고 말했다면 좀 더 쉽지 않았을까 생각해본다.

비슷하게도 보고서를 검토하다 보면 심심치 않게 등장하는 어려운 한자어 때문에 문장이 툭툭 끊기고, 숨이 탁탁 막히는 경험을 한 사람들이 적지 않을 것이다.

□ **하반기 중점 추진 과제**
  ○ 하절기 현안 대책 마련 후, 동절기 사고 미연 방지 계획 수립

다음과 같이 좀 더 쉬운 표현으로 고쳐 써본다.

□ **하반기 중점 추진 과제**
  ○ 여름철 주요 문제에 대책 마련 후, 겨울철 사고를 미리 방지하기 위한 계획 수립

다음 문장에서도 비슷한 어려움이 느껴진다.

□ **세부 내용**
  ○ 최초 계획 유보 후 대체 방안 시의회 상정 후 심의를 거쳐 기관장에게 상신 예정

다음과 같이 좀 더 쉬운 표현으로 고쳐보자.

□ **세부 내용**
  ○ 최초 계획은 실행을 미루고, 대체 방안을 시의회에서 논의하여 기관장에게 보고할 예정

이와 관련해서 2017년 평택해양경찰서에서 발표한 정책이 인상적이었다. 평택해양경찰서에서는 업무 협조를 위해 다른 기관에 보고서를 보내는 경우가 많다고 한다. 하지만 보고서에 어려운 한자가 많아 의미가 전달되지 않는다며, 쉬운 표현으로 고쳐쓸 것을 강조했다. 다음 예시를 확인해보자.

본정 관할 해역 경비타 표류 전마선 컨택 예인색 조출코 결박 안전 해역까지 예인에 당함
→ 우리 함정은 관할 해상을 경비하다가 표류하던 소형 선박을 발견하고 예인줄을 내어 고정한 뒤 안전한 해상으로 예인 실시 중에 있음

의미 있는 시도이자, 보고서가 나아가야 할 방향을 제대로 보여준 장면이라고 생각한다.

가끔 단어의 의미를 명확하게 하기 위해 한자를 함께 표기하는 경우도 있다. 이때 굳이 없어도 충분히 이해할 수 있는 단어에도 한자를 같이 표기하는 경우가 있다.

- 본 시범학교 사업은 국민의 기본 권리를 보장하는 초석(礎石)으로, 향후 모든 사업의 시초(始初)가 된다.
- 기본 역량(力量)이 부족한 직원들은 정리해고 대상이 된다.

이렇게 쓸 경우 문장만 길어지고 복잡해진다. 보고서의 핵심과 무관한 한자어를 '굳이 왜?'라는 의문이 들 수 있으니 피하는 것이 좋다.

물론 우리말의 약 70% 이상이 한자이고, 한자는 짧고 간결하다는 특징이 있다. 하지만 그 이면에는 어렵다는 특징 또한 함께 존재한다. 꼭 필요한 경우

가 아니라면 쉬운 우리말로 바꿔 쓰는 것이 좋다. 보고서에 등장하는 너무 어려운 한자나 우리말로 충분히 표현 가능한 내용을 한자로 억지스레 바꾼 표현은 거부감을 주고, 문장을 이해하기 어렵게 만든다. 단어를 이해할 수 없다면, 문장은 당연히 이해가 안 되고, 전체 보고서도 이해하기 어려워진다. 보고서에서는 가급적 쉬운 단어를 선택하는 것이 좋다.

능동적인 문장에는 힘이 실린다

———————————— 피동 표현을 남발하면
힘이 빠진다

최근 보고서 문장에는 피동 표현이 많이 등장한다. 크게 두 가지 이유라고 생각한다. 첫 번째는 영어를 번역하는 과정에서 생긴 습관이다. 학창시절 주야 장천 외웠던 'be+p.p' 형을 번역하는 것이 고착화됐기 때문이다. 두 번째는 책임을 기피하거나 자신이 없는 경우에 등장한다. 예를 들면 다음과 같은 표현이 이에 해당한다.

- 적극적으로 <u>추진되어야 할 것으로</u> 보임

피동형 문장을 많이 쓰면 조사나 수식어가 포함되어 문장이 길어지고 핵심 파악이 어렵다. 수동이라는 말 그대로 적극성도 결여되어 보인다. 가급적 능동적이고 주도적인 문장으로 변경해서 사용하자.

- 적극적으로 <u>추진해야</u> 함

이런 피동 표현이 보고서에 많이 등장하면 보고서의 힘을 떨어뜨린다. 좀 더 적극적인 표현으로 바꿔 쓰는 것이 좋다. 다음 예시에서 수동 표현을 능동 표현으로 바꾸는 연습을 진행해보자.

계약을 성사시키기 위하여 소비자 정보가 확인된 후 통보될 예정임

→ 계약을 성사하기 위하여 소비자 정보를 확인한 후 통보할 것임

물리 치료에 건강보험을 적용하여 환자들이 부담 없이 병원을 이용할 수 있는 여건이 조성되어야 함

→ 물리 치료에 건강보험을 적용하여 환자들이 부담 없이 병원을 이용할 수 있는 여건을 조성해야 함

전화로 예약을 취소시킬 경우 페널티 정책에 의해 수수료가 발생함

→ 전화로 예약을 취소할 경우 페널티 정책에 의해 수수료가 발생함

3개 지표 중 1개 지표에서 점수 미달이 발생할 경우 후보에서 제외시킴

→ 3개 지표 중 1개 지표에서 점수 미달이 발생할 경우 후보에서 제외함

보고서 작성에 지침으로 활용할 수 있는 '美 CIA 보고서 작성 10대 원칙'에서도 7번 항목에서 능동태를 언급하고 있다.

1) 결론을 먼저 서술(Put Big Picture, Conclusion First)
2) 정보의 조직화, 체계화(Organize Information)
3) 보고서의 형태 이해(Understand Format)
4) 적합한 언어 사용(Use Precise Language)
5) 단어의 경제적 사용(Economic on Words)
6) 생각한 것을 분명하게 표현(Achieve Clarity of Thought)
7) 수동태가 아닌 능동태 표현(Use Active Voice, not Passive Voice)
8) 자기가 작성한 보고서를 스스로 편집(Self-edit Your Writing)

9) 정보 사용자의 수요를 분명히 알 것(Know your Reader's Needs)

10) 동료의 전문 지식과 경험 활용(Draw on the Expertise and Experience of your Colleagues)

보고서는 고민의 과정을 공유하는 곳이 아니라, 고민의 결과를 공유하는 장이다. 고민했다면 결과는 단호해야 한다. 단호하다면 피동 표현이 아닌 능동 표현을 쓰는 것이 맞다.

이해하기 쉬운 문장으로 쓰는 아홉 가지 기술

1 조사를 지나치게 생략하면, 문장이 딱딱해지고 상대방이 이해하기 어렵다.

2 문장에 태그를 달아 상대방이 좀 더 쉽게 문장을 이해할 수 있도록 하자.

3 구와 절을 일관성 있게 사용해야 상대방이 문장을 쉽게 이해할 수 있다.

4 비교와 비유 표현으로 구구절절 장황한 내용을 쉽고 빠르게 전달하자.

5 지루한 내용도 문장의 운율을 맞추면 쉽고, 재미있고, 기억에도 오래 남는다.

6 '핸드폰', '스마트폰', '휴대전화'가 아니라, 보고서 안에서 하나의 의미는 하나의 단어 '스마트폰'으로 일관성 있게 쓴다.

7 외래어 사용은 가급적 지양하고, 사용할 때는 올바른 표기법을 따른다.

8 격식을 차린 단어, 어려운 한자어보다 쉬운 단어가 오히려 낫다.

9 피동 표현보다 능동 표현이 힘이 있고, 문장에 설득력이 생긴다.

CHAPTER 04

실무에 바로
적용 가능한
보고서 작성 꿀팁

한 방에 통과되는 일잘러의

반박 불가 보고서 작성 기술

제로 드래프트의
기술

버전 '0' 보고서로
상대의 의도를 파악하자

보고서를 쓸 때 지시자(특히 상사)의 의도를 파악하는 것은 굉장히 중요한 일이다. 의도나 목적을 알아야 제대로 된 방향성을 잡고 원하는 결과를 제시할 수 있기 때문이다. 관련해서 **1도 이론***이라는 것이 있다. 포탄을 장전하고 조준할 때 1도가 틀어지면, 포탄이 1km를 날아갈 때마다 1m씩 제 위치를 벗어난다고 한다. 40km의 사정거리를 가지는 자주포의 경우 1도라도 틀어지면 포탄이 떨어지는 지점은 40m나 벗어나는 것이다. 보고서도 마찬가지다. 초안 작성부터 1도(의도)가 틀어지면 최종 결재 단계에서는 상사가 의도한 것과 전혀 다른 내용의 보고서를 작성할 수도 있다.

그래서 많은 전문가들은 한 목소리로 지시자의 작성 의도를 파악하는 것이 중요하다고 이야기한다. '왜?'라고 물어서 지시자의 의도나 목적, 배경 등을 먼

---

* 여기서 1도는 군사용어이다. 정확하게는 1밀리라디안(m-rad)으로 흔히 '밀각(mil)'이라고 부른다. 실제로는 1도=17.8mil이다. 이해하기 쉽게 '1도'라고 표현하였다.

저 파악한 후에 보고서를 작성하라는 것이다. 하지만 늘 이론과 현실 사이에는 괴리가 있다. 상사 중에는 '왜?'라고 묻는 것을 극도로 싫어하는 경우가 종종 있기 때문이다. 귀찮아서 그러기도 하고, 당연한 걸 물어서 짜증나기도 하고, 본인 스스로도 잘 모르는 경우도 있다.

이럴 때 시도해볼 수 있는 방법이 바로 '제로 드래프트' 기술이다. 말 그대로 '보고서 버전 0'을 빠르게 작성해서 보고하는 방법이다. '왜?'를 묻기 전에 뭔가 이야깃거리가 있어야 상사와 논의할 의제도 생긴다. 백지 상태에서 서로 이야기해봐야 시간 낭비다. 그 '거리'를 만들어서 빠른 시간 안에 상사에게 가져가보자. 제로 드래프트를 작성하는 데 정해진 양식이나 방법은 없지만, 네 가지 방법을 적용해보면 수월할 것이다.

1. 내용: 목적, 주요 내용, 최종 결과물 형태, 참고 자료 등
2. 분량: A4 용지 반 쪽 내외
3. 기한: 2시간 이내*, 최대 1일 이내
4. 방법: 메모, 이메일, 쪽지 등

경험해본 사람은 잘 알겠지만, 오래 고민해서 힘들게 작성한 보고서 앞에 다음과 같은 어마무시한 말들이 오가는 곳이 보고서의 세계다.

"내가 언제 이렇게 해 오라고 했나?"

"내가 생각한 방향이랑 다른데?"

"중요한 내용이 다 빠져 있네."

---

* 2시간은 지나치게 짧을 수 있지만, 업무 지시자나 작성자 모두 지시 내용이 머릿속에 많이 남아 있을 때 상호 협의하는 것이 좋다.

몇 날 며칠을 고민하고 작성해 가져간 보고서가 속된 말로 '까이는' 것은 찰나의 순간이다. 5분 안에 게임 끝이다. 이런 불상사를 미리 방지하고, 소위 '까임 방지권'을 확보하기 위해 제로 드래프트 기술을 사용해보자. 본격적으로 보고서를 작성하기 전에 상사의 의도와 보고서 작성의 목적, 최종 결과물 형태, 주요 내용, 기한 등을 '상호 합의'하고 보고서를 작성한다면 작성 시간도 단축되고, 보고서의 완성도도 올라갈 것이다.

직장인의 3대
보고서 공략법

———————————————— 보고서라고 다 같은 보고서가
아니다

조직에서 작성하는 보고서의 종류를 열거하자면 수십 가지에 이르지만, 시간이라는 기준을 가지고 정리하면 크게 세 가지로 구분할 수 있다.

먼저, 과거에 한 일을 정리하는 '결과 보고서'가 있다. 다음으로 현재 벌어지고 있는 상황을 정리한 '현황 보고서'가 있다. 마지막으로 미래에 어떤 일을 하고자 할 때 쓰는 '기획 보고서'가 있다.

Done - 결과 보고서

Be- 현황 보고서

To do - 기획 보고서

각각의 보고서는 성격도 다르고 공략 방법도 다르다. 다음과 같이 정리해 본다.

1. 결과 보고서: 단장을 맞춰서 쓴다

결과 보고서의 핵심은 단순히 어떤 목적으로 어떤 일을 진행했더니 어떤 결과가 나왔다는 것이 아니다. 완료한 일의 '의미'를 찾아서 더해야 한다. 일의 의미는 두 가지로 정리할 수 있다. 바로 '잘한 일'과 '못한 일'이다. 이를 정리한 표현이 '단장을 맞추다'는 말로, 일의 성과(장점)와 부족했던 점(단점)을 함께 기술해야 한다는 뜻이다.

결과 보고서를 어떻게 쓰는가에 따라 그 사람의 보고서 작성 수준을 파악할 수 있는데, 그 내용을 다음과 같이 3단계로 정리해보았다.

(초보) 계획 대비 결과를 비교하여 기술한다.
(중수) 주요 성과를 추가로 정리한다.
(고수) 성과에 더해 개선점 및 향후 계획에 대해서 언급한다.

2. 현황 보고서: 예쁜 쓰레기가 되지 않도록 쓴다

'경쟁사 현황 분석해서 알려줘.'라는 상사의 말에는 어떤 의도가 숨겨져 있을까? 단순히 경쟁사가 어떤 제품과 서비스를 출시해서 어떤 반응이 있는지를 정리해달라는 의미만은 아닐 것이다.

물론 현황 보고서의 본질은 객관적 사실을 빠르게 정리하는 것이다. 하지만 단순 사실만 나열되어 있는 보고서는 가치를 지니지 못한다. 사실에 더해 작성자의 의견을 추가해야 한다. 시사점이나 자사에 미치는 영향력, 대응 방안 등을 함께 고민해서 작성하는 것이 좋다. 이런 의견이 없을 경우, 현황 보고서를 끝까지 검토한 상사의 입에서 이런 말이 나올 수밖에 없다.

"그래서 하고 싶은 말이 뭐야?"

"우린 뭘 해야 하는데?"

"네 생각은 없는 거야? 이게 끝이야?"

그렇다면 현황 보고서를 어떻게 쓰는 것이 좋을까? 현황 보고서의 작성 수준을 3단계로 정리해보았다.

(초보) 신속 · 정확 · 간결하게 구체적인 사실 중심으로 쓴다.
(중수) 상황에 대해 다각적/체계적으로 분석해서 작성한다.
(고수) 자사의 영향력, 시사점, 대응 방안 등을 작성한다.

3. 기획 보고서: 명분에서 시작해서 실리로 끝낸다

기획 보고서는 가장 난도가 높은 보고서다. 현재를 분석하고 무엇을 할지 결정해서 미래 결과까지 예측해야 한다.

한마디로 현황 보고서와 결과 보고서의 성격까지 포함된 보고서계의 종합 예술이라고 할 수 있다. 하지만 기획 보고서에도 작성 공식이 있으니, 3W 1H만 기억하면 된다. '왜' 하고, '무엇'을, '어떻게' 해서, '어떤' 결과를 만들어낼지를 순차적으로 풀어내면 된다.

기: 명분, 'Why'으로 시작해서
승: 핵심, 'What'을 이야기하고
전: 구체화/세분화된 'How'로 바꿔서
결: 실리, 'So What'으로 끝낸다.

간단한 예시로 다이어트를 하려는 기획을 보고서로 만든다면 어떤 구성이 될까? 다음을 확인해보자.

기(Why): 과체중으로 쉽게 피로감이 쌓이고, 오랜 시간 강의를 하기 어려움

승(What): 황제다이어트

전(How): 식단: 아침(샐러드), 점심(고기), 저녁(회) / 예산: 월 60만 원 / 관리 담당: 아내

결(So What): 체중 10kg 감소, BMI 지수 20 하락, 자신감 회복, 옷발 상승

물론 실제 기획 보고서는 훨씬 더 복잡하겠지만, 보고서 구성만큼은 3W 1H면 충분하다고 생각한다.

이때 각각의 항목이 보고서에서 담당하는 역할이 있다. 가운데에 있는 What과 How는 '실행 논리'를 담당한다. 실행 논리는 '실무자의 논리'라고도 한다. 실무자는 '왜(Why)' 하고 '효과(So What)'가 어떻게 되는지보다 당장 해야 할 일에 관심이 많기 때문이다.

'과제(What)'가 무엇이고, '과제를 어떻게(How)' 구체화, 세분화하며, 얼마의 예산으로, 언제까지 하겠다는 내용에 집중한다. 실무자가 상대적으로 더 중요하게 생각하고, 전문적인 영역이기에 실무자의 논리라고도 부른다.

반면, 왜(Why)와 효과(So What)는 '설득 논리'를 담당한다. 설득 논리는 '의사결정자의 논리'라고 한다. 의사결정자는 실행에 관련된 What과 How도 중요하게 생각하지만, 그보다 이걸 '왜(Why)' 해야 하고, '그래서 우리 조직이나 고객에게 어떤 이익을 줄 수 있는지(So what)'를 궁금해한다. 실무자들의 뇌 구조와는 살짝 다르다.

이때 중요한 사실은 기획 보고서가 '설득'을 목적으로 한다는 사실이다. 설득이 되어야 실행까지 갈 수 있다. 실무자의 논리로만 똘똘 무장한 보고서는 설득까지 가기 힘들다. 의사결정자들이 중요하게 생각하는 포인트인 명분(Why)와 실리(So what)를 공략해야 한다. 설득에 필요한 명분과 실리가 결여된 기획서는 파쇄기로 직행할 운명에 처한다.

결과, 현황 보고서와 마찬가지로 기획 보고서의 작성 수준을 3단계로 정리해 본다.

(초보) 해야 할 일만 구체적으로 명시한다.
(중수) 필요성과 목적, 명분을 강조한다.
(고수) 실질적인 이득, 실리를 추가한다.

보고서라고 다 같은 보고서가 아니다. 종류별로 공략법이 다르다. 앞서 정리한 내용을 참고해서 직장인 3대 보고서를 작성하는 데 도움이 되기를 바란다.

시간에 따른 세 가지 보고서 유형

구분	(과거) 완료한 업무	(현재) 진행 중인 업무	(미래) 계획 예정인 업무
명칭	결과 보고서	현황 보고서	기획 보고서
내용	진행한 업무의 성과 및 실패 요인 분석	정확한 상황 및 정보 전달 현황 공유	문제 해결방안 새로운 사업이나 계획
목차	업무 개요, 주요 성과, 개선사항, 향후 계획 등	실적, 추진/조사 내용, 시사점, 조치사항 등	배경, 현황, 과제, 일정, 예산, 목표, 기대효과 등
종류	회의 결과 보고서, 출장 결과 보고서, 프로젝트 결과 보고서, 고객만족도 결과 보고서 외	시장/매출 현황 보고서, 클레임 현황 보고서, 소비자 동향 보고서, 경쟁사 현황 보고서 외	사업 계획서, 프로젝트 보고서, 서비스 제안서, 상품 기획서, IT 시스템 개발 기획서 외

사실/정보   생각/방법

천차만별 상사 유형별 공략 방법

──────────────────────────────── 상사의 성향에 따라
기획 보고서 작성법도 다르다

3W 1H로 기획 보고서를 구성하고 '이 정도면 되겠지?'라는 생각으로 결재를 올린다. 이내 결재창에 박힌 선명한 두 글자를 마주한다.

'반려'

세상에는 3W 1H로 충분히 설득 가능한 상사가 있는 반면, '이런 것까지 물어본다고?'라는 생각이 들 정도로 세부적인 정보를 요구하는 상사도 있다. 직급이나 조직 내 역할, 개인 특성에 따라 보고서를 검토하는 방식이나 중요하게 생각하는 포인트가 다르기 때문이다.

직속 상사 또는 그 위에 있을 상사의 유형에 맞는 보고서 필요 요소를 추가해야 한다. 대한민국에 흔하게 있을 법한 상사 유형을 다섯 가지로 구분하고, 대응 방안을 정리해두니 참고가 되길 바란다. 특히 기획 보고서를 쓸 때는 반드시 고려해볼 만한 내용이라고 생각한다.

1. 불안한 상사

상사는 늘 불안하다. 실패 경험도 많고 책임질 일이 두렵기 때문이다. 예를 들어, 사내 체육대회 기획 보고서를 작성해서 상사에게 제출했다고 가정해보자. 기획 보고서 검토를 끝낸 상사의 머릿속에는 자연스레 이런 생각이 자리 잡는다.

'체육대회 날 비가 오면 어떻게 하지?'

'진행 중에 부상자가 발생하면?'

'뒤풀이에서 과도한 음주로 불미스러운 일이 벌어지면?'

상사는 안 되는 이유를 찾는 사람이고, 안 되는 이유를 백만 스물 한 개쯤 가지고 있다는 말도 있다. 탁월한 기획자라면 상사의 불안 요소, 일을 추진하면서 벌어질 수 있는 잠재적 문제를 찾아서 대비 방안까지 기획 보고서에 담아내야 한다.

'장애 요인 및 대응 방안', '리스크 매니지먼트 플랜', '컨틴전시(비상) 플랜' 등의 추가 내용을 기술해서 불안한 상사의 마음을 진정시켜보자.

> ☐ **리스크 매니지먼트**
> - 체육대회 진행 시 과도한 경쟁으로 부상자가 발생할 것을 대비하여, 사전에 주의 사항을 전달하고 과도한 경쟁 시 심판이 제지하게 함
> - 담당자는 행사장 내 구급 상자를 비치하고 위급상황 발생 시 인근 최단 거리 종합병원으로 이송할 수 있는 방안을 숙지함

상사 입장에서 '다 잘될 거야'라는 전망으로 가득하거나 장밋빛 미래만 그려

놓은 기획 보고서보다 실패 요인, 잠재 문제 등을 충분히 고민하고 고려한 기획 보고서가 훨씬 더 현실적으로 느껴진다. 이렇게까지 고민한 결과를 기획 보고서에 담아내면 고민의 흔적은 고스란히 신뢰로 이어지고, 신뢰는 곧 설득에 대한 보증수표가 되어줄 것이다.

2. 의심이 많은 상사

의심이 많은 상사가 제일 싫어하는 기획 보고서는 뜬구름 잡는 이야기, 근거 없는 이야기가 잔뜩 담긴 기획 보고서다. 기획자의 근거 없는 일방적인 주장 앞에 혀를 내두르며, 무자비한 말로 공격을 퍼붓는다.

"근거 있어? 확실해?"

"성공 사례나 유사 사례가 있어?"

"효과 있는 거 맞아?"

가장 효과적인 방패는 '다수의 법칙'과 '권위의 법칙'을 활용하는 것이다. 다수의 법칙은 많은 사람이 사용하고 있으니, 믿어도 좋다고 설득하는 방법이다. 단적인 예로, 신당동 떡볶이 골목에서 사람이 가장 많은 집으로 가는 것과 같은 이치다. 타사 사례, 성공 사례, 수요 조사 결과, 설문 조사 결과 등을 제시해보자. 이때 기획으로 얻은 효과까지 함께 기술하면 설득력이 배가 된다.

□ **성공 사례**
- 비슷한 시스템을 BMW와 벤츠에서 활용하고 있으며, 이 시스템을 도입한 결과 매출이 10% 상승함

권위의 법칙은 상사가 무시할 수 없는 슈퍼 히어로를 기획 보고서에 등장시켜 권위로 압도하는 방법이다. 사회 유명 인사, 셀럽 등의 주장이나 언론, 논문, 실험 조사 결과 등으로 설득의 근거를 마련한다.

□ **조사결과**
- 김미진 박사는 '23년 ○○ 보고서'에서, 플랫폼 구축이 향후 시장에서 가장 중요한 가치라고 주장함
- 한국교통안전공단 실험 결과 엔진 효율이 15% 향상됨

근거 자료는 '최신성'과 '신뢰성'을 갖춰야 한다. 최근에 발표된 자료일수록 신뢰가 생기고, 신뢰받는 기관이나 기업에서 발표한 자료일수록 근거로서 가치가 높다.

3. 생각이 많은 상사

내 기획의 내용이 마음에 들지 않거나, 기획자가 가진 생각의 폭을 테스트해보기 위해 이런 질문을 하는 상사도 있다.

<blockquote>
"다른 방법 조사해 봤어?"

"그게 최선이야?"

"내가 봤을 땐…"
</blockquote>

이때 혀 끝까지 도달한 '그렇게 잘 알면 네가 하면 되지?'라는 생각은 잠시 넣어두자. 아무런 도움이 되지 않는다. 차라리 그 시간에 '내가 너보다 더 많이

고민했음'을 기획 보고서에 담아낼 방법을 연구하는 편이 낫다. 이때 앞서 설명한 비교 기법을 적극 활용해보자. 내 기획 아이디어의 우수성을 돋보이게 하는 효과적인 수단이 되어줄 것이다. 통상적으로 두 가지 비교 기법을 활용한다.

1) 장단점 비교법: A안, B안, C안 등 다양한 방안을 고민해보았고, 각각의 장점과 단점을 비교한 결과 이 중에 A가 가장 우수하다는 비교 우위를 보여준다.

2) 가중치 비교법: 사안이 좀 더 복잡할 경우, 가중치 비교법으로 내가 선택한 대안의 우수성을 강조한다. 핵심 지표별로 0~1까지 가중치를 부여하고, 대안별로 점수를 매긴다. 이후 가중치와 점수를 곱한 결과를 비교해 최종 대안의 우수성을 강조하는 방식이다.

장단점 비교법

구분	장점	단점
자동차 장기렌탈	비용 일괄 관리	매달 비용 지불의 부담
자동차 구매	내 차라는 자부심	단기간에 고비용 필요

가중치 비교법

구분 (가중치)	안전성 (0.3)	디자인 (0.5)	승차감 (0.2)	총점
A 자동차	1	3	3	2.4
B 자동차	2	4	5	3.6
C 자동차	2	3	2	2.5

기타 다른 대안에 고민이 필요하지 않거나 내 선택에 확신이 있는 경우, 타

사와 비교해서 경쟁 우위를 보여주는 방법도 효과적이다.

한 가지 답을 정해놓고 기획을 시작한 것이 아니라, 여러 방안을 고민해 보고 그중에서 가장 합리적인 것을 선택했음을 보여주는 비교 기법으로 기획 보고서의 설득력을 높여보자.

4. 보수적인 상사

보수적인 상사는 변화를 수용하기보다 거부하고 저항하는 성향을 보인다. 새로운 기획 앞에 늘 망설이며 속으로 이런 생각을 한다.

'그냥 하던 대로 하지.'

'예산이 너무 많이 들어가는데?'

'이게 될까? 너무 부담스러운데.'

처음부터 크게 시도하기보다 작게 해보고 검증되면 점차 확대하겠다는 접근으로 상사의 심리적 저항을 줄여보자. 일명 시범 운영 혹은 파일럿 테스트 계획을 기획 보고서에 넣는 것이다. 주로 시간, 타깃, 장소를 한정해서 작게 시행해보겠다는 내용을 담는다.

예시)
- 시간의 한정: 12월 한 달만 우선 진행
- 타깃의 한정: 20대 초반 대학생 100명을 대상으로 테스트
- 장소의 한정: 전국 확대 이전에 서울·경기 지역에서 우선 시행

이런 전략을 작은 성공(Small Success) 전략이라고 한다. 쉽게 말해 작게 시도해서 성공하면 더 크게 성공해보겠다고 접근하는 것이다. 사안이 클수록, 예산이 많이 들수록 상사는 불안해한다. 작은 성공을 담보로 상사의 부담을 줄여서 설득을 시도해보자.

5. 진취적인 상사

일 욕심이 있거나 거대한 포부를 품은 상사도 있다. 이런 상사는 지금의 성공에 안주하지 않고 끊임없이 '다음'을 외친다.

"이게 다야? 더 없어?"

"비전도 없이 단기 계획만 가지고 되겠어?"

"큰 그림도 없이, 이거 끝나면 다음에 어떻게 할 건데?"

좀 더 거시적인 계획이나 큰 그림을 원하는 상사에게는 비전과 확장 계획을 보여주는 것으로 대응한다. 구체성이 다소 부족하더라도 기획이 미시적이지 않고, 확장 가능성이 있다는 것을 보여주면 된다. 방을 잘 만들겠다는 내용이 끝이 아니라 향후 집을 어떻게 꾸밀지, 마당은 어떻게 조성할지에 대한 내용까지 포함하는 것이다.

1) 더 큰 비전이나 목표를 보여줄 때: 중장기 계획이나 확장 계획

2) 순차적인 계획을 보여줄 때: 단기~장기 계획, 1단계~3단계 계획

지금의 기획은 시작일 뿐 무언가 더 있을 거라는 기대감으로 기획 보고서를 마무리해보자. 시즌 2가 기대되는 드라마의 엔딩처럼 기획 보고서의 성공적인

마침표가 되어줄 것이다.

　가려운 데는 긁어줘야 제맛이다. 그래야 '이제 좀 시원하네'라는 반응과 함께 반려라는 단어도 깨끗이 지워질 것이다. 물론 앞에서 말한 모든 항목을 기획 보고서에 포함시켜야 된다는 것은 아니다. 다만 상사의 성향이나 상황에 따라 준비해두면 내 기획을 좀 더 탄탄하게 하고, 상사라는 벽을 가뿐히 뛰어넘을 수 있는 기회를 만들어줄 수 있을 것이다. 기획 보고서에 추가하거나 추가하지는 않더라도 충분히 고민해볼 가치가 있다고 생각한다.

딱 세 줄로
요약해보자

시간도, 인내심도 없는 상사는
이렇게 공략해보자

간혹 드라마에서 후배, 부하 직원의 보고서를 검토하던 상사가 귀찮다는 듯이 보고서를 덮으며 이렇게 말하는 것을 본 적이 있을 것이다.

"그래서 핵심이 뭐야? 세 줄로 요약해서 말해봐."

동공이 오만 번쯤 흔들리던 주인공은 상사의 단호함 앞에 버벅대다 결국 고양이 앞에 쥐 꼴을 하고 물러난다.

'밤낮으로 고민하며 힘들게 써 간 보고서인데 끝까지 좀 읽어주면 어디가 덧나나?'

물론 안타까운 마음이 드는 건 사실이지만, 상사 입장에서 생각해 보면 상사의 말이 충분히 이해된다. 우선 공사다망한 상사는 보고서를 끝까지 읽어줄 '시간'이 없다. 복잡하고 장황한 보고서를 다 읽고 싶은 '인내심'도 없다. 핵심만 빠르게 파악해서 판단하고 결정하고 싶은 것이 인지상정이다.

시간도 없고, 인내심도 없는 우리 상사를 공략하기 위해, 제목 바로 밑에 보고서 전체 내용을 요약하는 세 줄 문장을 만들어보는 것은 어떨까? 특히 이 방법은 설득을 주 목적으로 하는 기획 보고서에서 빛을 발하는 방법이다.

앞서 기획 보고서는 3W 1H, Why-What-How-So What으로 구성한다고 설명했다. '왜' 하고, '뭘', '어떻게' 하면, '어떤 효과'가 만들어진다는 흐름이다. 이 중 [Why], [What], [So What]을 추출해서 딱 세 줄로 정리하는 것이다.

한 줄(Why): 이런저런 목적으로, 이런 필요가 있어서, 이런 문제로 인해
두 줄(What): 이것을 추진하여, ~를 진행하여, ~를 도입하여
세 줄(So What): ~의 수준을 달성함, ~를 목표로 함, ~라는 효과를 거둠

앞에서 열거한 표현을 자유자재로 조합하면 다양한 세 줄 요약문을 만들 수 있다.

예시 1) ~라는 목적을 위하여 ~를 시행하여 ~까지 ~를 달성
예시 2) ~라는 문제로 인해 ~를 운영하여 ~의 효과를 창출
예시 3) ~라는 배경으로 ~을 실행하여 ~의 수준에 도달

어느 기관에서 통과되었던 기획 보고서의 세 줄 요약문을 예로 들어본다.

신입사원 조기 이탈을 막고 안정적인 조직 생활을 지원하고자, 신입사원을 대상으로 MZ 포인트제를 운영하여 퇴사율을 20% 줄이고 업무 만족도 향상에 기여하고자 함

상사를 배려하고 보고서의 설득력을 올리기 위하여, Why-What-So What으로 세 줄 요약문을 작성해보자. 상사의 보고서 검토 시간을 단축시키고 보고서의 설득 확률은 올라갈 것이다.

잘 쓴 제목 한 줄,
열 페이지 부럽지 않다

—————————————————————————— 제목은
보고서의 화룡점정이다

보고서의 제목은 보고서의 얼굴이자 뉴스의 헤드라인과도 같다. 전체 내용을 압축하는 대표성을 띄면서 상대방이 보고서를 읽고 싶게 만들어야 한다. 제목 기술 방법에 정답은 없지만, 수많은 보고서를 검토하고 분석해본 결과 크게 두 가지 방법으로 정리할 수 있었다.

한 줄 기술: 목적+방법
두 줄 기술: 부제+주제

한 줄로 제목을 작성하는 방법은 보고서 작성의 목적과 방법을 결합해서 쓰는 방식이다.

- [청년 실업률 감소를 위한]+[고용 정책 개선안]
- [귀가길 여성의 안전을 위한]+[가로등 추가 설치안]

한 줄 기술이 평범하다는 생각이 든다면, 부제와 주제로 구분하여 두 줄 기술을 활용해 좀 더 매력적인 제목을 쓸 수 있다. 주제는 말 그대로 핵심 내용이고, 부제는 주제를 돋보이게 하는 역할의 보조 제목이다. 부제를 쓸 때는 보통 네 가지 방법을 활용한다.

첫째, 상황의 심각성을 언급하거나 의문문 형식으로 질문을 던지는 방법이다.

기획력이 없는 회사에 더 이상의 미래는 없다!
갓기획 임영균 대표 특강 진행안

○○ 회사 기획력 이대로 괜찮을까?
갓기획 임영균 대표 특강 진행안

둘째, 보고서의 핵심을 콘셉트로 보여주는 방식이다.

야 너두, 기획 잘할 수 있어!
갓기획 임영균 대표 특강 진행안

기를 쓰고, 획기적인 기획을 해보자
갓기획 임영균 대표 특강 진행안

셋째, 구체적인 방법을 제시하는 방식이다.

> **갓기획 임영균 대표 특강 진행안**
> -기획력, 구상력, 정리력, 표현력을 중심으로-

> **갓기획 임영균 대표 특강 진행안**
> -기획에서 기획서까지 A to Z-

마지막으로, 효과나 성과를 언급하는 방식이다.

> 기획력 Up, 생산성 Up
> **갓기획 임영균 대표 특강 진행안**

> 기획서 작성 시간 50% 단축
> **갓기획 임영균 대표 특강 진행안**

제목은 보고서의 화룡점정이다. 즉, 마지막에 더하는 점이라는 뜻이다. 본문 내용을 다 적고 나서, 고민한 후에 마지막으로 보고서에 '점' 하나를 제대로 찍어보자. 한 줄이든, 두 줄이든 매력적으로 상대방을 끌어당길 수 있는 제목으로 고민해서 쓰자.

구조화 표현의
기술

———————————————— 낱개가 아니라
덩어리로 정리하자

생각이 많은 것은 득(得)이지만, 정리가 되지 않으면 독(毒)이라는 말이 있다. 생각이 많다는 것은 고민이 많다는 것이고, 쓸 말이 많다는 것은 보고서의 내용이 탄탄하다는 뜻이다. 생각이 많고 쓸 말이 많은 것은 분명 득이다.

하지만 많은 정보가 정리되지 않은 채 상대방에게 전달된다면 그것은 상대방의 머릿속을 복잡하게 하고 어지럽히는 독과도 같다. 전형적인 하수의 방식이다. 예를 들어, '파티 준비물을 조사해서 보고해줘'라는 상사의 요청에 하수는 정리되지 않은 생각을 그대로 나열해 낱개로 보여준다.

> ☐ **파티 준비물**
> - 사탕
> - 초콜릿
> - 오렌지
> - 쿠키

- 샤인머스캣
- 풍선
- 고깔모자

상대방은 수많은 정보를 기억하기 힘들뿐더러 정리되지 않은 정보 앞에 짜증이 난다. 낱개의 나열은 득이 아닌 독으로 느껴진다. 그럼 고수는 어떻게 정리해서 보여줄까? 주절주절 낱개로 나열하는 방식을 취하지 않는다. 큰 틀로 정보를 구조화해서 덩어리로 보여준다.

□ **파티 준비물**
  ○ 과자
    • 사탕
    • 초콜릿
    • 쿠키
  ○ 과일
    • 오렌지
    • 샤인머스캣
  ○ 소품
    • 풍선
    • 고깔모자

세세한 내용을 설명하기 전에 [과자], [과일], [소품]으로 큰 틀을 제시하고, 이 틀을 상대방 머릿속에 자리잡게 한 후 세부 정보를 설명해보자. 상대방은 이해하기도 쉽고, 기억하기도 편하다. 이런 표현을 상대방의 뇌가 독에 오염되는 것을 방지하는 가장 강력한 해독제로서, 구조화 표현이라고 한다.

예를 들어, 많은 사람들의 인생 드라마로 남아 있는 〈우리들의 블루스〉를 누군가에게 소개하는 보고서를 쓴다고 가정해보자. 드라마의 수십 가지 특징을 낱개로 나열하면 상대방의 정신은 독으로 가득 차 혼미해질 것이다. 드라마를 보고 싶다는 생각까지 연결되지 않는다. 이때 구조화 표현으로 상대방의 뇌를 편안하게 해독해주자.

> ▢ **다양한 사람들의 삶을 조화롭게 녹여낸 블루스 같은 드라마**
>   ○ **[캐스팅]** 시대를 대변하는 다양한 배우들 섭외
>   • 원로배우 김혜자, 고두심, 이정은 외
>   • 당대 탑스타 이병헌, 신민아, 김우빈 외
>   • 신인배우 배현성, 노윤서 외
>   ○ **[주제]** 옴니버스 식으로 펼쳐지는 흥미진진한 스토리 구성
>   • 최근 이슈가 되는 고등학생의 결혼과 출산 이야기
>   • 40대의 향수를 자극할 첫사랑 이야기
>   • 모자간의 갈등과 화해를 다룬 가족애 이야기
>   ○ **[영상]** 제주도를 배경으로 한 화려한 영상과 볼거리 마련
>   • 수산시장의 생동감과 다양한 볼거리 제공
>   • 제주도의 숨겨진 관광명소
>   • 도내 예쁜 식당이나 카페 등장

보고서에 자주 등장하는 구조화 패턴은 크게 세 가지가 있다. 상대/반대, 순서/시간, 영역/사람 패턴이다.

상대/반대	순서/시간	영역/사람
• 외부/내부 • 전/후 • 긍정/부정 • 장점/단점 • 고정/변동 • 질/양 • 기존/신규 • 비용/이익 • Hard/Soft • As is/To be	• 과거/현재/미래 • 도입/정착/확대 • 단기/중기/장기 • 1단계/2단계/3단계 • 준비/운영/사후관리 • 인지/각인/확산 • Plan/Do/Check/Act • Attention/Interest/ Desire/Memory/Action • R&D/생산/영업/AS	• 자사/경쟁사/고객 • 강점/약점/기회/위기 • A 제품/B 제품/C 제품 • 하드웨어/소프트웨어/휴먼웨어 • 본사/지사/현장 • 고객/회사/직원 • 노/사/정 • 경영자/관리자/직원 • 기획팀/홍보팀/관리팀 • Product/Price/Promotion/Place • Man/Machine/Material/Method

이런 패턴들을 익히고 있으면 세 가지 장점이 있다.

첫째, 생각 정리가 빨라지고, 보고서 작성 시간이 단축된다. 예를 들어, 상사가 '○○교육 종료 후에 교육생 반응을 정리해서 보고하라'고 한다. 이때, 다양한 구조화 패턴을 알고 있으면 생각 정리가 빨라지고, 보고서 작성 방향을 쉽게 정할 수 있다.

'긍정적 반응과 부정적 반응으로 정리하는 게 기본이겠지.'

'처음 시도한 교육이었으니 교육 전 반응과 교육 후 반응으로 정리해서 보고서를 써야겠다.'

'좀 더 체계적으로 하드웨어(교육환경), 소프트웨어(교육프로그램), 휴먼웨어(강사)로 정리해봐야겠다.'

둘째, 같은 의미라도 다양한 패턴에 따라 생각을 정리하면 새로운 내용으로 구성할 수 있다. 예를 들어, 상사가 '김 주임, 치킨집 매출 올리는 방안 좀 정리해서 알려줘!'라고 했을 때, 다음과 같이 다양한 패턴으로 정리해보자.

셋째, 후배들의 보고서를 검토하고 피드백할 때 명확하게 할 수 있다. 애매모호하게 '정리가 안 된 것 같은데, 체계적으로 만들어봐'라고 하지 않고, '이번 건은 상대/반대 패턴을 적용해서 내부 관점과 외부 관점으로 정리해봐' 등으로 명확한 피드백을 할 수 있다.

낱개는 독이고, 덩어리는 득이다. 보고서계의 가장 강력한 해독제인 구조화 표현으로 보고서의 설득력을 높여보자. 나아가 다양한 구조화 패턴을 익혀서 보고서 작성 시간은 단축하고, 새로운 생각을 만들어보자.

복잡한 내용은
표로 정리해보자

———————————————————— 표는
표 나게 쓰자

보고서에 글자만 빼곡하게 자리하고 있으면 '이걸 언제 다 읽어?'라는 생각
이 든다. 이때 가끔 등장하는 표는 보고서의 숨통을 틔워주고, 무언가 정리되어
있다는 느낌을 주어 보고서를 읽기 편하게 만든다. 표를 잘 쓸 수 있는 몇 가지
방법을 다음과 같이 정리했으니 보고서 작성에 활용해보자.

1. 정렬은 기본

표를 사용할 때 정렬은 기본이다. 이때도 나름대로 규칙이 필요하다. 보통
문장은 왼쪽, 단어는 가운데, 숫자는 오른쪽으로 정렬하는 것이 기본이다. 이때
숫자의 단위가 같거나 짧은 숫자의 경우 가운데 정렬도 가능하다.

'24년 주요 제도 개선 내용

구분	내용	건수
자동차 부품	▶ 독립·중소 부품사들의 인증 대체부품 활성화	1,222
통신 단말기	▶ 대리점·판매점 추가지원금 상한 확대	154
농수산물	▶ 도매시장법인 재지정 요건 법제화	164

2. 선 표현

맨 위와 아래는 굵은 선으로 표시하고, 시각적 개방감을 위해 좌우는 선을 제거해서 표를 열어주는 것도 좋다.

'24년 주요 제도 개선 내용

구분	내용	건수
자동차 부품	▶ 독립·중소 부품사들의 인증 대체부품 활성화	1,222
통신 단말기	▶ 대리점·판매점 추가지원금 상한 확대	154
농수산물	▶ 도매시장법인 재지정 요건 법제화	164

3. 하이라이팅 적용

모든 데이터가 다 중요한 것은 아니다. 표에서 강조하고 싶거나 의미 있는 데이터가 있다면 굵은 글씨나 배경색을 적용해 강조하는 것도 좋다.

'24년 주요 제도 개선 내용

구분	내용	건수
자동차 부품	▶ 독립·중소 부품사들의 인증 대체부품 활성화	1,222
통신 단말기	▶ 대리점·판매점 추가지원금 상한 확대	154
농수산물	▶ 도매시장법인 재지정 요건 법제화	164

4. 넘버링 기술

마지막은 제목에 적용할 수 있는 기술로 표에서 내가 이야기하고자 하는 내용이 몇 가지인지 집어주는 넘버링 기술이다. 두 가지 특징, 세 가지 제품, 다섯 단계 등으로 표에서 이야기하고자 하는 내용을 숫자로 강조해보자. 상대방도 '아 세 가지 특징이 있구나!', '세 가지 제품이 있구나!'라고 인지하고 표의 내용을 좀 더 쉽게 이해할 수 있게 된다.

'24년 주요 제도 개선 내용 세 가지

구분	내용	건수
자동차 부품	▶ 독립·중소 부품사들의 인증 대체부품 활성화	1,222
통신 단말기	▶ 대리점·판매점 추가지원금 상한 확대	154
농수산물	▶ 도매시장법인 재지정 요건 법제화	164

적절한 차트를 고르는
차트 활용 기술

————————————————— 음식도 담는 그릇이 다르듯이
데이터에 맞는 적절한 차트에 담자

보고서 수치 사용의 최고봉은 복잡한 수치를 차트로 표현하는 것이다. 이때 데이터의 유형에 따라 활용할 수 있는 다양한 차트가 있다. 이를 정리해보면 비교, 추이, 비중의 세 가지 유형으로 구분할 수 있다.

자주 쓰는 차트 유형

	가로 막대 그래프	Paired bar 차트	방사형 차트
비교	활용: 항목 간 비교 예시: 자동차별 가격대 분석	활용: 두 개 값의 상대적 비교 예시: 자동차 구매와 장기 렌탈 비교	활용: 다양한 항목의 특징을 비교 예시: 기아, 삼성, 현대차의 가격, 디자인, 성능 비교

추이	**세로 막대 그래프**  활용: 시간에 따른 항목의 변화 예시: 5년간 자동차 판매량	**꺾은선 그래프** 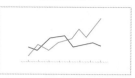 활용: 장기적인 추이 예시: 지난 20년간 자동차 생산량 변화
비중	**파이 차트**  활용: 항목별 구성비율 예시: 지역별 제품 판매 비중	**꺾은선 그래프**  활용: 다양한 항목의 구성비 및 추이 예시: 신발, 의류, 액세서리의 지난 5년간 판매 비중 및 전체 판매량

1. 비교

데이터 간 수치를 비교할 때는 주로 가로 막대 그래프, Paired Bar (Butterfly) 차트, 방사형 차트를 사용한다. 그중에서 가로 막대 그래프의 사용 빈도가 가장 높다.

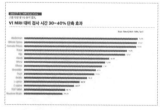

데이터 간 수치 비교에 좋은 가로 막대 그래프*

---

* (왼쪽)코로나19 예방접종 완료자는 국내 입국 시, 격리를 면제합니다. 질병관리청, 2022년 3월, 출처 : https://www.kdca.go.kr/gallery.es?mid=a20503010000&bid=0002&list_no=145600&act= view

양자 간의 비교를 극대화해서 보여주고 싶은 경우는 Paired Bar 차트를 사용한다. 여기서 Paired는 쌍이라는 뜻이고 Bar는 막대 모양을 의미한다. 막대 모양으로, 쌍으로 보여주는 차트라는 뜻이다. 양자가 아닌 3자 혹은 다자 간의 비교를 차트로 표현하고 싶을 때는 방사형 차트(레이더 차트)를 쓴다.

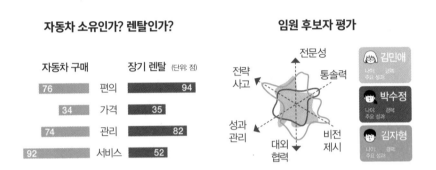

2. 추이

시간의 흐름에 따른 추이를 보여줄 때는 주로 세로 막대 그래프와 꺾은선 그래프를 사용한다. 둘 중 좀 더 많이 쓰는 차트는 세로 막대 그래프다. 가장 쉽고 직관적으로 시간의 흐름에 따른 항목의 변화를 보여주기 때문이다. 특정 제품의 연간 판매량 추이, 월별 고객 수 현황 등의 데이터를 보여줄 때 많이 활용한다.

개별 항목의 값보다 전체적인 추이를 보여주고 싶거나, 장기적인 추이를 보여줄 때는 꺾은선 그래프를 활용한다. 지난 30년간 수출량 변화, 2년간 월별 제품 판매 추이 등을 보여줄 때가 그러하다. 주의할 점은 실제 발생한 데이터는 실선, 예측이나 추정치는 점선으로 표현하는 방식으로 구분해야 한다.

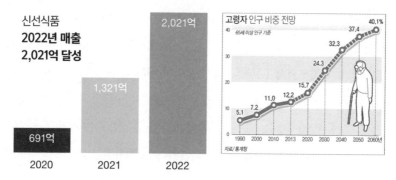

시간의 흐름에 따른 추이 분석에 좋은 세로 막대 그래프*

3. 비중

비중을 보여줄 때는 파이 차트와 누적 세로 막대 그래프를 주로 사용한다. 파이 차트는 비중을 표현할 때 가장 많이 쓰는 차트이자, 보고서에서 가장 많이 등장하는 차트다. 파이 모양을 닮은 차트로 지역별 매출 비중, 만족도, 응답률 등을 보여줄 때 활용한다. 파이 차트 사용의 기본은 12시 방향을 기점으로 가장 큰 비중을 차지하는 부분부터 표현하는 것이다.

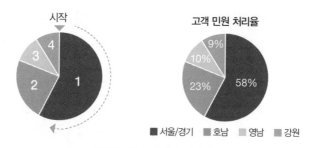

비중을 비교할 때 좋은 파이 차트

* (오른쪽)고령자 인구 비중 전망, 통계청, 2013년 10월, 대한민국 정책브리핑, 출처: https://www.korea.kr/multi/visualNewsView.do?newsId=148767753

하지만 파이 차트의 변신은 무죄라고 했던가? 가장 많이 쓰는 차트인 만큼 다양한 변형이 가능하다. 만약 차트에서 강조하고 싶은 데이터가 강원 지역 9%라면 차트를 회전시켜서 12시에서 1시 사이에 배치할 수도 있다. 사람의 시선이 먼저 닿는 곳에 가장 중요한 정보를 위치시키는 것이다. 파이 차트의 중앙 부분이 비효율적으로 많은 부분을 차지하는 것을 경계하여, 가운데를 뻥 뚫어 주는 도넛 차트를 만들어보자. 가운데에 의미 있는 메시지를 쓰는 것도 가능할 것이다.

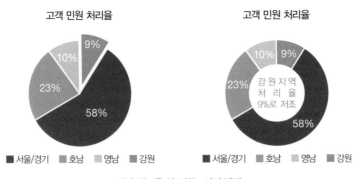

파이 차트를 강조하는 여러 방법

여러 가지 항목의 비중과 시간적 추이를 함께 보여주고 싶을 때는 누적 세로 막대 그래프를 활용한다.

예를 들어, 분기별로 TV, 컴퓨터, 냉장고의 판매량을 보여주는 다음 왼쪽 차트의 경우 시간의 흐름에 따른 변화가 잘 보이지 않고, 항목이 많아서 복잡해 보인다. 이때 오른쪽의 차트처럼 데이터를 세로로 쌓아서 보여주면 좀 더 간결한 차트가 만들어진다. 시간의 흐름에 따른 제품 판매량의 변화 및 비중이 명확하게 보인다. 실적 보고나 매출 현황 등을 보고할 때 많이 쓰는 차트다.

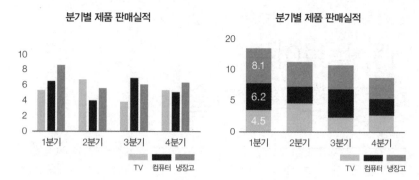

항목 비중과 시간 추이를 같이 볼 수 있는 누적 세로 막대 그래프

돈가스를 담는 접시가 따로 있고, 짜장면을 담는 그릇이 다르다. 같은 원리로 내가 담고자 하는 데이터의 의미에 따라 적절한 차트를 선택해서 사용해보자.

더욱 돋보이는
차트로 만드는 기술

차트에서 **뺄** 것은 **빼고**
더할 것은 더하는 기술

앞서 데이터 유형에 따른 차트 사용 방법을 정리해보았다. 이번에는 기본기에서 좀 더 나간 고급 기술에 대해서 알아보자. 차트에서 없앨 것은 없애고 더할 건 더하는 기술이다.

1. 없애야 할 것: 보조선, 축 숫자, 범례

빼면 뺄수록 좋은 차트 요소

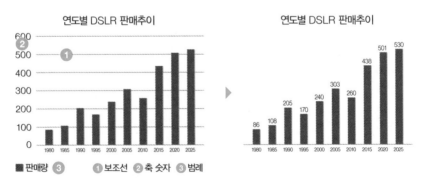

가장 먼저 불필요한 보조선을 날려보자. 선도 하나의 도형이기 때문에 복잡성을 가중시키는 요소가 된다.

다음으로 축에 삽입된 숫자를 제거한다. 왼쪽 축의 수치와 막대 그래프를 비교해서 보는 수고로움 대신 직관적인 데이터 레이블(값)을 그래프 위에 바로 표기하는 방법을 사용해보자.

마지막으로 범례도 제거한다. 이미 차트의 제목에 판매량이라는 단어가 포함되어 있기 때문에 범례를 표현하는 것은 중복에 지나지 않는다.

이렇게 세 가지만 없애도 차트는 간결해지고 데이터를 좀 더 직관직으로 볼 수 있다. 차트가 굳이 복잡할 필요는 없다. 차트는 결국 내가 하고 싶은 메시지를 뒷받침하기 위한 보조 자료에 지나지 않는다. 주연 역할을 자처해서는 안 된다. 없앨 것은 없애고 최대한 간결하게 작성하는 것이 좋다.

2.추가해야 할 것: 메시지, 하이라이팅, 기준선, 레이블

필요에 따라 추가하면 좋은 차트 요소

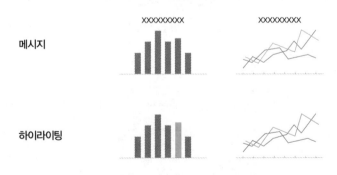

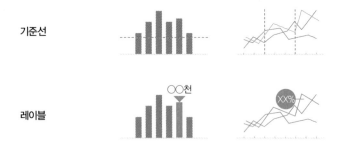

기준선

레이블

1) 메시지: 차트를 사용하는 이유는 데이터 자체를 보여주기 위함이 아니라, 데이터의 의미를 보여주기 위해서다. 데이터를 해석해서 내가 말하고자 하는 메시지를 차트 상단에 적어준다. 이렇게 하면 상대방은 상단의 메시지를 먼저 읽고 차트를 보게 되어 전체 내용을 이해하는 시간이 단축된다.

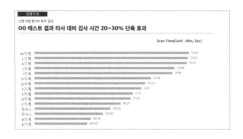

2) 하이라이팅: 중요한 부분을 눈에 띄는 색으로 강조해서 데이터의 의미를 좀 더 쉽고 빠르게 전달하는 방법이다. 한마디로 차트를 만들 때 보여줄 것만 보여주는 기술이다.

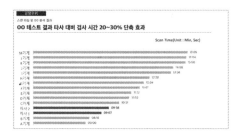

3) 기준선: 비교는 내가 말하고자 하는 바를 가장 쉽고 빠르게 전달할 수 있는 방법이다. 평균, 경쟁사, 전년도 등의 데이터와 비교해서 차트를 볼 수 있도록 기준선을 표시해주면 차트의 의미가 선명해진다.

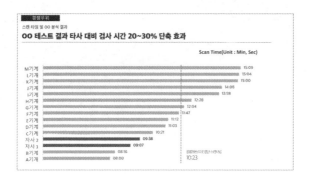

4) 레이블: 밋밋하게 스테이크만 나온 것보다 그 위에 뿌려진 파슬리가 풍미를 더한다. 마찬가지로, 데이터에 의미 있는 수치나 메시지를 살포시 표기해 주는 레이블 기술로 차트를 좀 더 의미 있게 만들 수 있다.

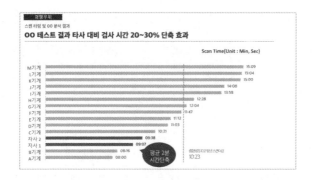

차트의 변신은 무죄다. 그리고 그 변신의 크기만큼 내 보고서의 시각적 표현력이 올라가고 설득력이 배가될 수 있다. 뺄 것은 빼고, 더할 것은 더해서 더욱 효과적으로 차트를 활용해보자.

실무에 바로 적용 가능한 보고서 작성 꿀팁 10

수치로 정리하는
보고서 형식

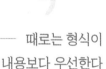

때로는 형식이
내용보다 우선한다

1. 글자 크기는 15포인트 이상으로

보고서를 빽빽하게 채운 작은 글씨는 피로감을 유발한다. 적절한 크기로 가독성을 높여서 상대방이 문장을 읽으며 느끼는 피로감을 줄여야 한다. 보고서 본문의 글자 크기는 15포인트로 하며, 소제목은 16포인트, 전체 제목은 22포인트로 하는 것이 좋다.

2. 보고서 1장은 25줄 내외로

A4 용지 기준 1페이지에 빽빽하게 작성된 보고서, 30줄이 넘어간 보고서는 여백이 없어 읽기도 어렵고 답답함을 줄 수 있다. 문장, 문단 사이에 적절한 여백을 확보해서 숨통을 터주고 가독성을 높이자.

3. 한 개의 문장은 35자 내외로

사람이 한눈에 볼 수 있는 문장의 글자 수는 50자 미만이라고 한다. 그 이상은 읽기가 어렵고 집중력이 떨어진다. 세 줄 이상의 문장은 두 줄 이하로 끊어 쓰고, 한 개의 문장에 들어가는 글자는 띄어쓰기 포함 35자 내외로 하는 것이 좋다.

때로는 형식이 내용을 지배한다. 앞서 정리한 원칙이 정답은 아니다. 하지만 읽기 좋은 보고서에서 발견되는 형식을 간단한 수치로 정리해보았으니 보고서 작성에 참고하였으면 한다.

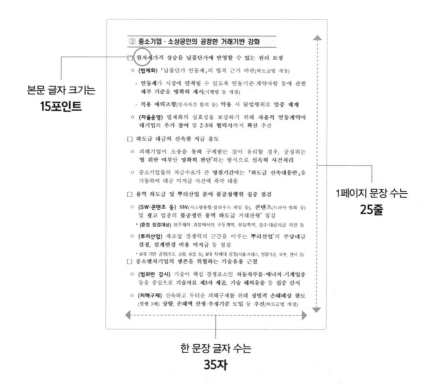

본문 글자 크기는 **15포인트**

1페이지 문장 수는 **25줄**

한 문장 글자 수는 **35자**

보고서에 사용하면 좋은 폰트(글꼴)

고딕은 보는 글씨,
명조는 읽는 글씨

보고서에 적합한 폰트를 알아보기 전에 폰트의 종류부터 알아보자. 보고서에 적합하지 않은 손글씨 폰트를 제외하고, 크게 '고딕체'와 '명조체' 두 가지로 구분할 수 있다.

고딕	구분	명조
San-Serif	영어 표기	Serif
네모네모, 직각	모양	둥글둥글, 삐침 있음
강함과 객관적 느낌 전달 잘 보이게 하는 효과	효과	부드러움과 감성적 느낌 전달 잘 읽히게 하는 효과
맑은고딕, 헤드라인 M, HY견고딕, Kopub돋움체, G마켓산스, 나눔바른고딕	종류	휴먼명조, 나눔명조, Kopub바탕체, 조선일보명조체, HY견명조, 서울한강체
동해물과 백두산이 마르고 닳도록 하느님이 보우하사 우리나라 만세 무궁화 삼천리 화려 강산 대한 사람 대한으로 길이 보전하세	예시	동해물과 백두산이 마르고 닳도록 하느님이 보우하사 우리나라 만세 무궁화 삼천리 화려 강산 대한 사람 대한으로 길이 보전하세

각각의 폰트 쓰임이 정확하게 정해진 것은 아니다. 하지만 통상적으로 고딕은 보는 글씨, 명조는 읽는 글씨에 적합하다.

그렇다면 보고서에는 어떤 폰트가 좋을까? 보고서의 양식은 파워포인트(PPT) 혹은 워드(한글)로 쓰는 것이 일반적이다. 여기서 파워포인트는 보는 문서에 가깝고 워드는 읽는 문서라고 생각하면 편하다. 즉, 파워포인트는 고딕 계열의 폰트를, 워드는 명조 계열의 폰트를 주로 사용하면 된다.

파워포인트는 고딕이 기본, 워드는 명조가 기본

워드 문서는 기본적으로 읽는 보고서이기 때문에 대부분 명조 계열의 글자를 사용한다. 다만 상대방에게 잘 보여야 하는 보고서의 제목과 소제목은 고딕 계열로 쓰는 것이 좋다. 또한 참고 사항이나 각주는 본문과 구분하기 위해 고딕 계열을 사용하는 것이 좋다.

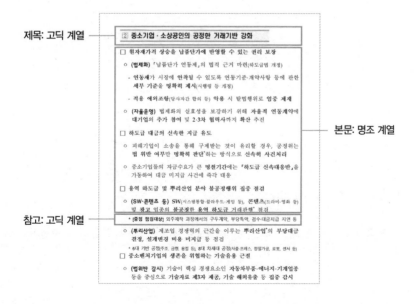

보고서 수정의
원칙

끝날 때까지 끝난 게
아니다

보고서를 잘 쓰는 수십 수백 가지 방법 중에, 모든 것을 버리고 단 하나의 법칙만 선택해야 한다면 주저없이 '고치고 또 고쳐 쓴다'를 선택하겠다.

"모든 초고는 쓰레기다."

어니스트 헤밍웨이(Ernest Hemingway)

머릿속에서 막 뽑아낸 뜨끈한 생각들은 참신해 보일지 몰라도 어딘지 모르게 투박하고 정리가 덜 되어 있다. 고치고 고쳐야 완성도를 높일 수 있다. 초보는 최초 100% 작성을 목표로 보고서를 쓰지만, 고수는 최초 50% 작성을 목표로 보고서를 작성한 후에 고치고 또 고쳐서 150%의 결과를 만들어낸다. 그만큼 고쳐 쓰기의 힘은 강력하다는 뜻이다.

보고서를 고쳐 쓸 때도 몇 가지 방법이 있다. 다음 세 가지 방법을 추천한다.

1. 거리두기

어떤 사람과 사랑에 빠지면 처음에는 모든 것이 좋아 보인다. 하지만 '사랑이 어떻게 변하니?'라는 말을 증명하기라도 하듯 점점 단점이 눈에 들어오고, 서로를 향한 잔소리가 시작된다. 여기서 중요한 것은 시간이다. 시간이 지나면서 나름대로 객관화가 되는 것이다.

보고서도 마찬가지다. 작성을 막 끝낸 나의 보고서는 그저 사랑스럽기만 하다. 완벽하고 고칠 것이 없어 보인다. '보고서를 수정하라'고 말하는 사람이 있다면 무조건 그 사람 탓으로 생각된다. 하지만 시간이 지나 다시 보면 사랑스럽던 보고서는 온데간데없고 허접한 종이 쪼가리로 보일 뿐이다. 시간의 지나면서 머리는 식고 냉정하게 평가할 수 있는 판단력이 생겼기 때문이다.

> "원고를 완성할 때는 며칠 간의 숙성 시간이 필요하다. 원고와 어느 정도 거리를 두면 자신의 글을 타인의 글로 보는 힘이 생겨 냉정하게 판단할 수 있다."
>
> 이시구로 케이(石黒 圭), 《논문·리포트의 기본(論文·レポートの基本)》 저자

사랑도 보고서도 거리두기가 필요하다. 보고서를 쓴 직후가 아니라, 하루나 이틀 최소 몇 시간의 간격을 두고 다시 볼 것을 추천한다. 시간 간격을 두고 다시 봐야 객관적으로 보고서를 수정할 수 있다.

2. 출력하기

페이퍼리스가 대세인 요즘 세상에 출력이 필요할까 싶겠지만, 보고서를 수정할 때는 모니터로 보는 것보다 출력해서 보는 것이 유리하다. 관련해서 다트

머스 대학과 카네기 멜론 대학 연구진은 실험을 통해 다음과 같은 결론을 도출해낸 바 있다.

> "글을 읽을 때 디지털 화면은 넓은 맥락이나 종합적인 판단보다는 정보 그 자체에 집중하게끔 하는 일종의 좁은 시각을 제공한다. 디지털로 읽은 시간이 길어질수록 큰 그림을 보는 쪽의 사고는 덜 발달하게 된다. 종이로 된 자료로 보는 것이 훨씬 종합적인 판단을 하고 문제 해결에도 낫다."[*]

그래서인지 아직까지 우리 상사들은 이메일에 첨부 파일로 되어 있는 보고서를 보는 것보다 종이로 읽는 것이 편한지 직원들에게 이렇게 말하는 습관이 있다.

"인쇄해서 가져와봐."

"출력해서 책상에 올려놔줘."

모니터로 여러 번 수정을 거치는 것도 좋지만 좀 더 완벽한 보고서를 만들기 위해서는 모니터로 1~2회 정도 수정을 거친 후, 출력본으로 검토를 하는 것이 좋다. 한시라도 빨리 보고서를 끝내고 싶은 마음을 잠시 미뤄두고, 인쇄 버튼을 눌러서 최종 점검하는 절차를 잊지 말자.

3. 소리내기

마지막으로 소리내서 읽어볼 것을 추천한다. 머릿속으로 읽으면 우리 뇌는

---

[*] [연구] 디지털 화면, 사람들을 '숲'보다 '나무'를 보게 만든다, 세계일보, 2016년 5월, 출처: https://www.segye.com/newsView/20160510002219

읽고 싶은 대로 읽기 때문에 오류를 찾아내지 못하는 경우가 있다. '문장의 배치 순서는 중하요지 않고'를 읽으면서 그냥 '문장의 배치 순서는 중요하지 않고'로 읽어버린다. 소리내서 읽어야 비로소 어색한 문구, 오탈자가 더 잘 들리고 잘 보인다. 눈이 보지 못하는 것을 귀가 듣게 하는 방법으로 보고서의 구멍을 찾아내고 완성도를 높일 수 있다.

거리두기, 출력하기, 소리내기

기를 쓰고 보고서를 고친다면, 내 보고서의 완성도는 올라가고 상사의 손에 탈탈 털릴 일도 줄어들 것이다.

보고서는
타이밍의 기술이다

언제 보고할 것이냐
그것이 문제로다

보고서의 끝은 어디일까?

그 끝을 정확하게 규정하기가 쉽지는 않지만, 적어도 보고서 작성을 끝내는 순간은 아닐 것이다. 상사에게 제출하는 순간, 이 역시 아니다. 상사가 다 읽고 '오케이' 사인을 주는 순간이 비로소 보고서의 끝이라고 할 수 있다. 즉, 최종 수요자가 완벽하게 내 보고서를 이해하고 설득되는 순간이 진정한 끝이다. 그런 의미에서 보고서를 제출하고 보고를 하는 시점도 중요하다. 한마디로 보고에도 타이밍이 중요하다는 뜻이다.

보고 타이밍의 기술 세 가지를 다음과 같이 정리해보았다.

1. 피해야 할 시간대

1) 출근 직후: 나도 상사도 정신 없다. 내 보고서를 검토할 시간이 없다.

2) 점심 시간 직전: 상사도 사람이다. 배고플 때 사람의 신경이 예민해진다. 탈탈 털릴 가능성이 크다.

3) 오후 3~4시: 인간이면 누구나 이 시간에 나른해진다. 내 보고서가 자장가로 들릴 수 있다. 기껏 보고하고 난 뒤에 '언제 그런 얘기를 했어?'라는 피드백을 받을 수 있다.

4) 퇴근 시간 전: 저녁 약속, 가족들과의 행복한 시간을 보낼 상상에 빠진 상사의 단 꿈을 깨지 말자. 복잡한 생각을 가지고 퇴근하고 싶은 상사는 없다.

2. 기대치 배반 효과

배달 애플리케이션으로 음식을 주문하면 이내 '도착까지 40분 남았습니다.' 라는 접수 알림이 뜬다. '배고파 죽겠는데, 40분 언제 기다려'라는 불만이 커지고 있는 찰나 다시 알림이 뜬다. '주문하신 음식이 예정보다 12분 빠른 28분 안에 도착했습니다.' '와, 진짜 빨리 왔네!' 이게 뭐라고 그렇게 만족감이 클 수가 없다.

같은 만족감을 상사에게 안겨주는 것은 어떨까? 3일 안에 해오라고 해서 딱 3일에 맞추는 것은 좋지 않다. 일이 잘못되어 보고서 완성 시점이 늦어질 수도 있고, 상사도 리뷰나 피드백하기 위한 시간이 필요하다. 늦어도 2.5일 안에 마무리해서 보고서를 제출해보자. 상사는 마치 예정보다 빠르게 배달 음식을 받은 것처럼 소소한 기쁨을 느낄 수 있을 것이고, 작성자에게 '신속하네, 신뢰가 가네'라는 인상을 가질 수 있다.

인정은 늘 상대방의 기대치를 넘어설 때 일어난다. 축의금 5만 원을 내겠지하는 사람이 10만 원을 내면 의인이 되고, 정시 도착을 예상한 소개팅 상대가 10분, 20분 일찍 도착하기만 해도 매너가 되는 게 세상 이치다.

비슷한 이치로 상사의 인정을 얻을 수 있는 가장 쉬운 방법도 그렇다. 상사의 기대치를 넘어서 보고서 제출 기간을 예정보다 10~20%만 앞당겨보자.

3. 보고서 작성에 쿠션 시간을 확보하자

신입사원 시절 좋은 팀장님을 만나 일 잘하는 방법을 여러 가지로 배울 수 있었다. 많은 기억이 있지만, 팀장님의 단골 멘트이자 지금까지도 업무 지침으로 삼고 있는 말이 있다.

"임영균 씨, 의욕치는 빼고 말해."

보고서 작성 기일을 묻는 팀장님의 질문에 지나치게 의욕적(?)으로 일자를 정할 때마다 팀장님께서 하는 피드백이었다.

일이란 늘 계획대로 되지 않는다. 또한 직장에서 한 가지 일만 하지 않는다. 마음먹고 보고서를 쓰고 싶지만, 이 일 저 일 끼어들기가 쉽다. 생각은 자꾸만 뚝뚝 끊기고, 다시 보고서 엔진이 예열되기까지 오랜 시간이 걸린다. 자연스레 보고서 작성 시간이 지연된다.

이를 경험으로 잘 알고 있는 팀장님께서 늘 하시던 피드백이 의욕치를 빼고 일자를 정하라는 말이었다.

그때부터 보고서 제출 일정을 수립할 때 어림잡아서 2일이면 되겠다 싶어도 쿠션 시간을 추가해서 3일로 납기 일정을 정하고 보고서를 작성했던 기억이 난다. 아니나 다를까 2일 안에 끝나는 보고서는 없었고 어김없이 이런 저런 일로 2.5일은 걸렸다. 하지만 팀장님은 3일 걸리는 것으로 알고 있었기에 내 납기는 예정보다 빠른 것이 되고, 그만큼 팀장님의 만족도도 올라갔다. 그야말로 쿠션이 안전 장치가 되고, 시간에 덜 쫓기며 보고서를 작성할 수 있는 안락한 역할을 해준 것이다.

피해야 할 시간은 피하고, 기대치 배반 효과를 노리고, 쿠션 시간을 확보해서 기껏 작성해 간 보고서의 가치가 훼손되는 일이 없도록 해보자.

실무에 바로 적용 가능한 보고서 작성 열세 가지 꿀팁

1 보고서를 쓰기 전에 '제로 드래프트'로 상사의 의도를 파악하고 시작하자.

2 보고서라고 다 같은 보고서가 아니다. 상황에 맞게, 목적에 맞게 상사의 요구 사항을 반영해서 보고서를 작성하자.

3 보고서는 결국 상사의 궁금증을 해결하는 것이다. 상사의 질문을 예상하고 이에 대한 답변을 보고서에 포함시키자.

4 보고서를 읽을 시간도, 인내심도 없는 상사를 위해 세 줄 요약으로 공략하자.

5 보고서 제목을 효과적으로 작성해서 보고서에 화룡점정을 하자.

6 구조화는 복잡한 보고서를 해독할 수 있는 가장 강력한 해독제다.

7 복잡한 내용은 구구절절 텍스트가 아닌 표로 정리해서 가독성을 높이자.

8 유형별 차트 사용법을 익혀서 수치나 데이터의 의미를 제대로 전달하자.

9 뺄 건 빼고 더할 건 더해서 차트의 의미를 배가하자.

10 내용만큼 중요한 것이 형식이다. 글자 크기, 글자 수, 문장 수를 적절하게 유지하자.

11 명조체와 고딕체의 차이와 사용법을 익혀서 필요에 맞게 적절하게 활용하자.

12 마지막 5분이 보고서의 생명을 결정한다. 상사에게 보고하기 전에 반드시 검토하고 또 검토하자.

13 다 된 밥에 코 빠뜨리지 않기 위해서 적절한 타이밍에 보고하자.

인간 관계도, 보고서도
내가 노력한 만큼
상대방이 편해진다

예전에 운전하며 켜놓은 라디오에서 핸들을 놓칠 정도로 크게 웃은 사연이 있었다. 사연의 내용을 재구성해보면 다음과 같았다.

안녕하세요. 저는 초등학교 1학년 아들을 둔 엄마입니다. 어느 날 아들에게 산수를 가르치다가 정말 깊은 '빡침'이 올라온 일이 있었습니다. 저희 아들이 숫자 10을 쓰는데 자꾸 '01'이라고 쓰는 거예요. 몇 번을 가르쳐 줘도 고쳐지지 않길래, 어느 날은 정말 소리를 고래고래 지른 적이 있었어요.

"1을 먼저 쓰고 0을 나중에 쓰라고!"

그랬더니, 글쎄 아들이 어떻게 했는 줄 아세요? 1을 먼저 쓰기는 썼어요. 근데 나중에 0을 1 왼쪽에다 쓰더라구요! 결국 또 01이라고 쓰는 거 있죠?

엄마의 의도	아들의 이해
	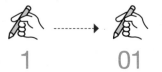

디제이님, 정말 제 아들 어쩌면 좋아요? 아들 때문에 미치고 환장하겠답니다.

이 사연을 듣고 정말 한참을 웃었던 기억이 난다. 그렇게 몇 분을 더 달려 목적지에 도착할 때쯤 갑자기 이런 생각이 들었다.

'과연 이 상황에서 아들만 잘못한 걸까?'

아들이 명확하게 알아듣지 못한 것이 어쩌면 명확하게 설명하지 못한 엄마의 탓일 수도 있다는 생각이 들었다. '먼저'와 '나중'은 순서적인 관점으로 해석될 수 있으니, 아들 입장에서는 충분히 잘못 이해할 수 있다. 아들을 탓하기 전에 엄마가 이렇게 말했다면 어땠을까?

"1을 왼쪽에, 0을 오른쪽에 써."

보고서 강의를 하다 보면 가끔 이런 하소연을 하는 교육생들이 있다.

"저는 잘 썼다고 생각하는데, 상대방이 이해하지 못하는 경우는 어떻게 해야 하죠?"

이런 질문을 받을 때마다 가끔 라디오 사연의 엄마가 떠오르며, 이렇게 피드백한다.

"물론 상대방이 이해하지 못할 수 있죠. 상대방도 이해하려는 노력이 필요하지만, 그 전에 본인이 쓴 문장을 점검해보는 건 어떨까요? 본인 스스로에게는 명확할지 몰라도 상대방에게는 그렇지 않을 수 있어요. 한 번쯤 더 생각해보고 수정해보면 좀 더 좋은 결과가 있을 겁니다."

인간관계의 진리 중 하나가 내가 고생하고 노력하면 상대방은 편해진다는 사실이다. 보고서도 소통의 방법이자 관계의 일종이라고 생각했을 때 같은 이치가 적용된다.

'내가 노력하고 고생한 만큼 상대방은 읽기 편해진다.'

남 탓하기 전에 내 보고서를 먼저 돌아보고 좀 더 명확하게, 간결히게, 이해하기 쉽게 쓰려는 노력을 쌓아간다면, 상대방은 좀 더 편하게 내 보고서를 볼 수 있을 것이다. 나아가 세 마리 게가 아닌 10마리 게, 100마리 게가 쌓일 때 내 보고서는 '반려'라는 벽을 넘어 좀 더 쉽게 넘어설 것이다.

2021년에 출간한 《보고서의 정석》은 내용이나 전문성에 비해 많은 사람들에게 사랑받은 책이다. 여러 가지 이유가 있겠지만 보고서에 대한 많은 이야기를 장황하게 하지 않고 딱 한 가지 주제, '기획 보고서'에 대해서만 포커스를 맞췄기 때문이라고 생각한다. '모든 것이 다 중요하다는 것은 아무것도 중요하지 않다는 것과 같다'라는 개인적인 원칙을 잘 반영한 책이기에 가장 애착이 가는 책이기도 하다.

같은 마음으로 이번 책을 썼다. 많은 이야기가 아니라 '보고서의 문장'이라는 딱 한 가지 주제에 대해서 심도 있는 이야기를 해보고 싶었다. 많은 내용이 아니라 '명확하게', '간결하게', '이해하기 쉽게'라는 딱 세 가지 원칙만 함축해서 담았다.

이 책이 보고서의 문장 앞에 좌절하는 많은 독자들의 고민을 해소하고, 나아가 쓰는 사람이나 읽는 사람 모두 좀 더 편하게 보고서를 대하는 데 도움이 되길 바라며, 책을 마무리한다.

MEMO

MEMO